# 북유럽 키즈 스타일 손뜨개

# 북유럽 키즈 스타일 손뜨개

*Nordic Kids Style Knitting*

최현정 지음

# PROLOGUE

## 손뜨개는 선물 받는 사람을 향한 '사랑과 정성'입니다

어느새 새로운 겨울을 맞이하게 되었네요. 겨울의 시작과 함께 다시 한 권의 책을 출간하게 되었습니다. 그동안 너무나 많은 사랑을 받았던 〈헐리우드 키즈 스타일 손뜨개〉의 후속편으로 요즘 인기 많은 북유럽 스타일의 아이옷과 액세서리, 소품 등을 디자인해봤습니다. 또한 사랑스런 아기의 탄생을 기다리는 예비 엄마들이 태교하면서 만들어볼 수 있는 아기용품들도 담아보았습니다.

사랑스런 아이들의 옷을 디자인하고 제작하는 일은 언제나 즐거운 일입니다. 책 속 작품을 만드는 기간은 인고의 시간이기도 했지만, 그래도 참으로 행복했습니다. 아이들을 생각하며 디자인하고, 실을 고르고, 한 땀 한 땀 떴다 풀기를 반복했던 그 오랜 작업의 시간들…. 그 속에는 '엄마의 기도하는 마음'이 늘 함께 했습니다. 손뜨개 작품은 그 옷을 입을 사람을 향한 '사랑과 정성'입니다.

3년 만에 또 한 권의 책을 준비하면서 '어떻게 하면 더 멋진 디자인과 아이디어를 독자분들께 잘 전할 수 있을까?' '어떻게 설명하면 독자분들이 보다 쉽게 이해할 수 있을까?' 늘 고민이었습니다. 손뜨개 스킬을 평면적인 글과 그림으로 표현한다는 것에 어느 정도는 한계가 있으니까요. 그러므로 책 출간 이후에도 카카오스토리, 홈페이지, 유튜브 동영상 등 여러 소통의 장을 통해 제가 알고 있는 지식과 노하우를 지속적으로 나눌 수 있도록 노력하겠습니다.

이 책이 완성되기까지 각 분야의 전문가들이 많이 애써 주셨습니다. 책의 전반적인 진행을 맡아주신 RHK 편집팀과 포토그래퍼 한제훈 실장님, 스타일링을 해주신 위비 윤아영 님, 천사 같았던 꼬마 모델 노아와 올리비아…. 그 외 많은 스태프들께 감사의 마음을 전합니다.
또 혼자서는 걸고 감당할 수 없었던 수많은 작업을 함께 해준 맹지숙 선생님, 성기선 선생님, 원경 선생님, 예옥이, 보령이와 늘 응원을 아끼지 않는 가족들에게도 감사드립니다.

2015년 겨울 최현정

# CONTENTS

PROLOGUE / 손뜨개는 선물 받는 사람을 향한 '사랑과 정성'입니다 — 4

## Baby Goods
태교를 위한 아기용품

### a
방울방울 요정 모자 — 12
Baby Pompom Hat
HOW TO MAKE — 115

### b
파스텔 베이비 베스트 — 13
Baby Pastel Vest
HOW TO MAKE — 116

### c
꼬마 양 베이비 슈트&덧신 — 14
Lamb Baby Suit & Overshoes
HOW TO MAKE — 117

### d
시크 베이비 카디건&모자 — 15
Chic Baby Cardigan & Hat
HOW TO MAKE — 120

### e
프린스 니트 왕관 — 16
Prince Knit Crown
HOW TO MAKE — 123

### f
퓨어 튜튜 원피스 — 17
Pure Tutu Dress
HOW TO MAKE — 124

### g
프린세스 프릴 원피스 — 18
Princess Frilly Dress
HOW TO MAKE — 126

### h
달콤 캔디 카디건 — 19
Sweet Candy Cardigan
HOW TO MAKE — 127

### i
포근이 병아리 카디건 — 20
Soft Chick Cardigan
HOW TO MAKE — 129

### j
케빈 블랭킷&오뚝이 볼 — 21
Kevin Blanket & Roly-Poly Toy
HOW TO MAKE — 131

## Kids' Items
### 4세부터 7세까지 패션 아이템

**a.**
빅 플라워 귀마개 — 24

HOW TO MAKE — 135

**b.**
올리브 그린 캐시미어 머플러 — 26

HOW TO MAKE — 136

**c.**
스트라이프 네키 머플러 — 28

HOW TO MAKE — 137

**d.**
보이시 심플 비니 — 30

HOW TO MAKE — 138

**e.**
루피 망고 스타일 모자 — 32

HOW TO MAKE — 139

**f.**
심플 쁘띠 머플러 — 34

HOW TO MAKE — 140

## Kids' Clothes

4세부터 7세까지 니트웨어

**g**
성냥 사세요, 후드 망토 — 38

HOW TO MAKE — 141

**h**
꼬마 신사 와이 넥 카디건 — 40

HOW TO MAKE — 144

**i**
인디언 베스트 — 42

HOW TO MAKE — 146

**j**
레인보 반소매 풀오버 — 44

HOW TO MAKE — 148

**k**
빈티지 블루 스웨터 — 46

HOW TO MAKE — 150

**l**
젠틀맨 스웨터 — 48

HOW TO MAKE — 153

**m**
벌집 스웨터 — 50

HOW TO MAKE — 156

**n**
사냥꾼 지프업 점퍼 — 52

HOW TO MAKE — 158

**o**
윈터 요정 원피스 — 54

HOW TO MAKE — 160

**p**
노르딕 패턴 베스트 — 56

HOW TO MAKE — 162

**q**
초록 봄봄 카디건 — 58

HOW TO MAKE — 164

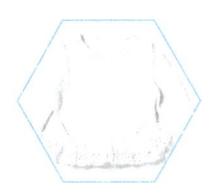

**r**
엘사 프릴 니트 — 60

HOW TO MAKE — 166

### S
개구쟁이 꽈배기 베스트 — 62
HOW TO MAKE — 168

### T
깜찍 토끼 스웨터 — 64
HOW TO MAKE — 170

### U
그러데이션 카디건 — 66
HOW TO MAKE — 173

### V
빅 포켓 지프업 베스트 — 68
HOW TO MAKE — 175

PART 4

## Dolls & Baskets
인형과 정리 바구니

### W
긴팔원숭이 & 낸시랭 고양이 — 72
HOW TO MAKE — 177

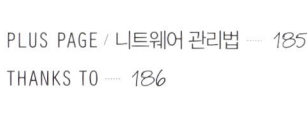
### X
동물 캐릭터 플레이 바구니 — 74
HOW TO MAKE — 183

## How to make

BASIC 01 / 손뜨개 기본 도구 — 78
BASIC 02 / 초보자 도안 읽기 — 80
BASIC 03 / 대바늘뜨기 — 82
BASIC 04 / 코바늘뜨기 — 107

**작품 만들기** — 113

PLUS PAGE / 니트웨어 관리법 — 185
THANKS TO — 186

# Baby Goods
### 태교를 위한 아기용품

BABY HAT

BABY VEST

BABY SUIT

OVERSHOES

BABY CARDIGAN

KNIT CROWN

BABY DRESS

BLANKET

ROLY ROLY TOY

# 방울방울 요정 모자
*Fairy Pompom Hat*

너무나 뜨기 쉬운 아이템이라 태교 손뜨개의 첫 작품 정도로 좋아요.
목에 끈을 달아서 잘 벗겨지지 않아요.
화사한 색감의 작은 털 방울을 달아 한층 경쾌하고 앙증맞아요.

HOW TO MAKE — P.115

# 파스텔 베이비 베스트
*Baby Pastel Vest*

연한 파스텔 컬러의 조화가 예쁜 베이비 베스트예요.
오가닉 코튼사를 사용해 사계절 모두 입을 수 있고, 세탁하기도 편해요.
수면 조끼로도 적당합니다.

HOW TO MAKE — P. 116

## 꼬마 양 베이비 슈트&덧신
*Lamb Baby Suit & Overshoes*

꼬마 양의 표정을 보기만 해도 입가에 미소가 지어져요.
양띠 해에 태어난 우리 아가에게 특별한 의미가 있는 옷이에요.
아기가 태어난 해에 해당하는 동물로 바꿔서 만들어도 좋을 것 같아요.
오가닉 코튼사를 사용해 연약한 아기 피부에도 안심할 수 있어요.

HOW TO MAKE — P. 117

# 시크 베이비 카디건 & 모자
## Chic Baby Cardigan & Hat

돌이 지나면 외출할 일이 많아져요.
세련된 색감의 더블 버튼 카디건과 유니크한 디자인의 니트 모자는
우리 아기를 패셔니베이비로 만들어준답니다.

HOW TO MAKE — P.120

# 프린스 니트 왕관
*Prince Knit Crown*

세상의 모든 왕자님과 공주님을 위한 특별한 선물이에요.
니트로 만든 왕관은 촉감이 부드럽고, 쓰고 벗기 편하다는 장점이 있어요.
기념 촬영 때 소품으로 사용해도 좋답니다.

HOW TO MAKE — P. 123

# 퓨어 튜튜 원피스
*Pure Tutu Dress*

드디어 100일! 건강하게 자라준 우리 아기와
아기를 돌보느라 고생한 엄마, 모두에게 축복의 날이죠.
특별한 날인 만큼 엄마가 직접 만든 선물을 준비해보세요.
순수한 화이트 색감과 망사 레이스 스커트가 우리 공주님에게 딱이에요.

HOW TO MAKE — P. 124

# 프린세스 프릴 원피스
*Princess Frilly Dress*

귀염둥이 공주님을 위한 프릴 원피스예요.
요크 디자인으로 목에서부터 아래로 내려오는 톱다운 패턴이에요.
밑단의 프릴 장식은 공주님의 필수 요소 아닐까요?

HOW TO MAKE — P.126

# 달콤 캔디 카디건
*Sweet Candy Cardigan*

우리 아이의 첫 번째 카디건은 유기 울사를 사용해 떠보세요.
간절기나 겨울철, 실내에서나 외출할 때 입히기에 좋아요.
래글런 소매라 체구가 작은 아기에게도 잘 맞지요.

HOW TO MAKE — P. 127

# 포근이 병아리 카디건
### Soft Chick Cardigan

노란 병아리가 생각나는 카디건이에요.
어서 자라서 따뜻한 봄볕에 이 카디건을 입고
아장아장 걸어 다니면 얼마나 귀여울까요?
가볍고 부드러운 소재로 간절기에 유용한 아이템이에요.

HOW TO MAKE — P.129

# 케빈 블랭킷&오뚝이 볼
*Kevin Blanket & Roly Poly Toy*

촉감이 좋은 코튼사로 만든 케빈 블랭킷.
안정감 있는 모노톤으로 세련된 감성이 느껴져요.
깜직한 캐릭터의 오뚝이 볼은 흔들면 아름다운 소리가 나요.
뱃속의 아이를 생각하며 한 땀 한 땀 만들어보세요.
아가도 엄마의 정성을 느낄 테니까요.

HOW TO MAKE — P.131

# Kids' Items

4세부터 7세까지 패션 아이템

EARMUFFS

MUFFLER

NEKI MUFFLER

BEANIE

HAT

## 빅 플라워 귀마개
*Big Flower Earmuffs*

겨울철 모자 쓰기 싫어하는 꼬마 아가씨에게 추천해요.
폭을 넓게 럭비공처럼 제작해서 뒤로 벗겨지지 않아요.
활동적인 아이에게도 좋답니다.
멋쟁이 아가씨의 코디를 완벽하게 완성해줄 굿 아이템!

HOW TO MAKE — P.135

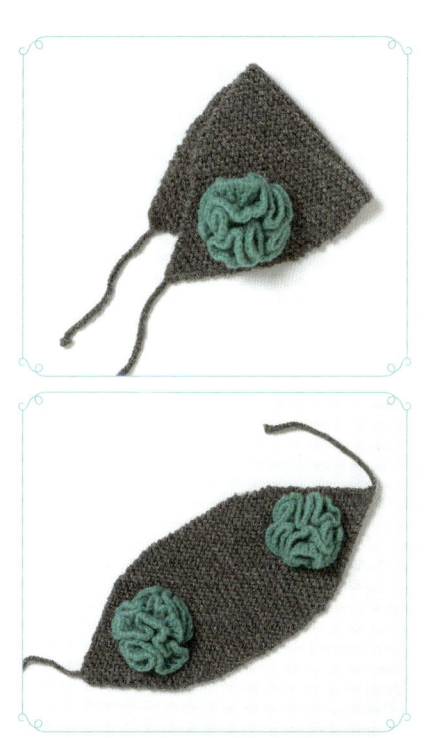

# 올리브 그린 캐시미어 머플러
*Olive Colored Cashmere Muffler*

캐시미어의 촉촉한 부드러움과
올리브 그린 컬러의 고급스러움이 잘 조화된 아이템이에요.
네 모퉁이를 굵은 태슬로 장식해 더욱 멋스러워요.

HOW TO MAKE — P.136

# 스트라이프 네키 머플러
*Striped Neki Muffler*

사용하기 편해서 평소에 자주 손이 가는 네키 머플러는
찬바람이 불면 아이들에게 요긴한 아이템이죠.
스트라이프 배색이 고급스럽고 세련된 느낌을 준답니다.

HOW TO MAKE — P.137

# 보이시 심플 비니
*Boyish & Simple Beanie*

남자아이라면 하나쯤 가지고 있어야 할 심플 비니예요.
연한 카키색의 유기 울사를 사용해 착용감이 부드러워요.
비니 하나만 멋스럽게 써도 꾸민 듯 꾸미지 않은 듯
시크한 멋이 느껴진답니다.

HOW TO MAKE — P.138

# 루피 망고 스타일 모자
*Loopy Mango Style Hat*

한 시간이면 뚝딱!
부담 없이 도전해볼 수 있는
루피 망고 스타일의 니트 모자예요.
어두운 계열의 색감을 믹스매치해서
유니크하게 완성했어요.
선물용 아이템으로도 정말 좋아요.

HOW TO MAKE — P. 139

## 심플 쁘띠 머플러
*Simple Petit Muffler*

목도리의 거추장스러움과
네키의 가벼움을 보완한 쁘띠 머플러예요.
보온성도 좋지만 한 번만 둘러
묶어주면 되니까 편리하기도 해요.
세 가지 색을 조합해서 어떤 옷에도
포인트 아이템으로 제격이에요.
어른용으로 좀 더 크게 만들어도 좋아요.

HOW TO MAKE — P.140

## Kids' Clothes

4세부터 7세까지 니트웨어

CAPE

CARDIGAN

VEST

PULLOVER

SWEATER

JUMPER

DRESS

9

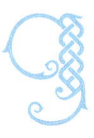

# 성냥 사세요, 후드 망토

Buy Match, Hood Cape

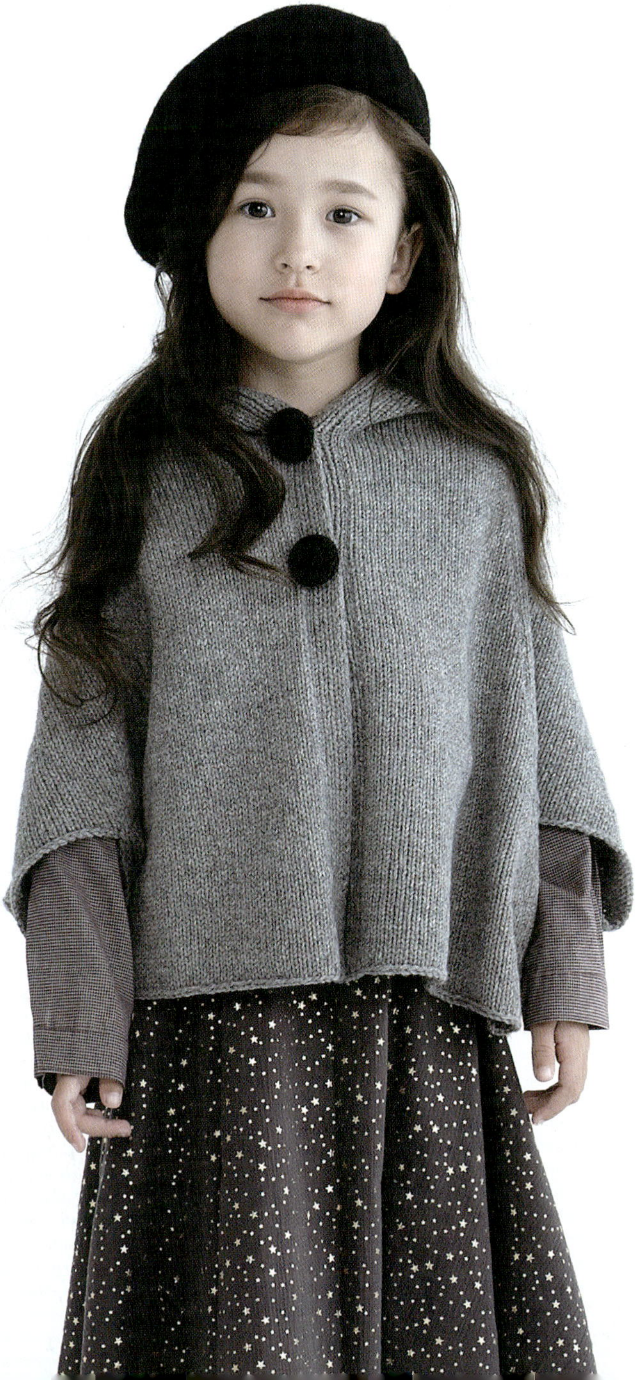

여자아이들이라면 한 벌쯤 갖고 싶은 후드 망토.
어디에 코디해도 세련된 소녀로 만들어준답니다.
싸개 단추로 포인트를 주어 더욱 따뜻한 느낌이에요.

HOW TO MAKE — P.141

# 꼬마 신사 와이 넥 카디건
*Young Man's Y-Necked Cardigan*

남자아이들에게 잘 어울리는
포멀하면서도 베이식한 카디건이에요.
언제나 사랑받는 브이 넥 카디건으로
꼬마 신사의 코디를 완성해주세요.

HOW TO MAKE — P. 144

# 인디언 베스트
### Indian Style Vest

브라운 컬러의 따뜻한 니트 소재와
컬러풀한 스웨이드 장식이 매치된
흔하지 않은 디자인의 베스트에요.
장난꾸러기 아이에게 딱 어울리는 옷이랍니다.

HOW TO MAKE — P.146

J

# 레인보 반소매 풀오버

Rainbow Colored Pullover

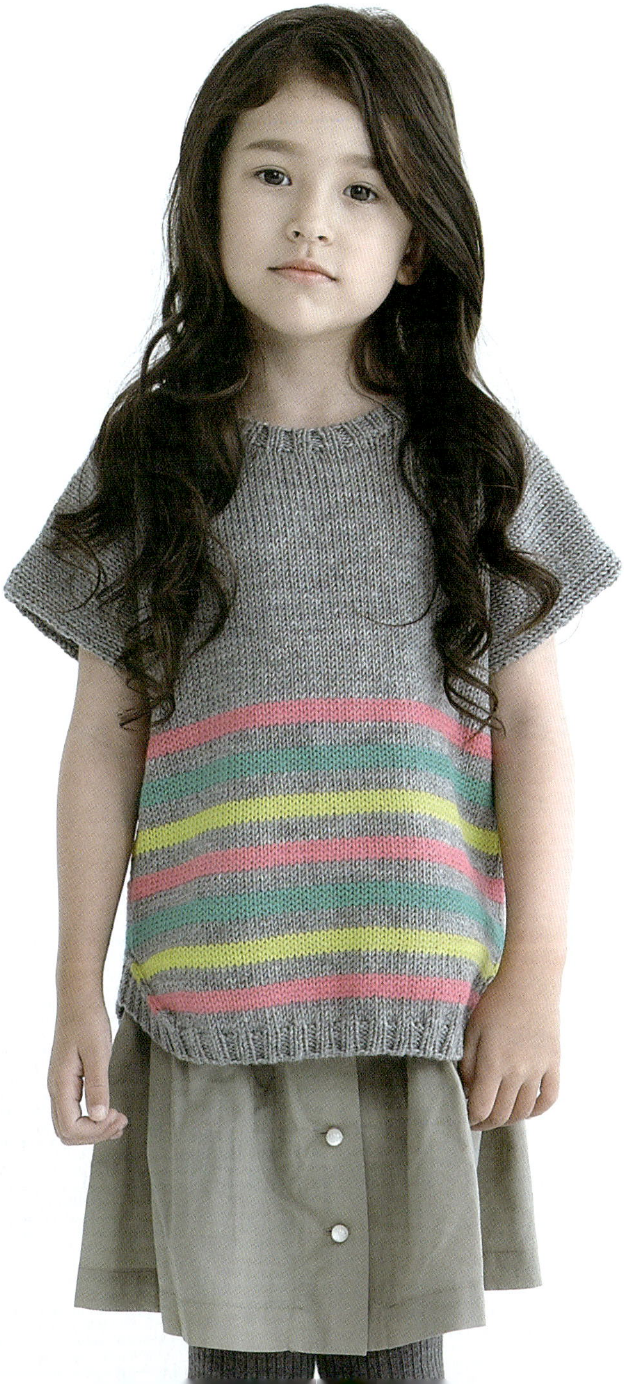

매일매일 입힐 수 있는 편한 반소매 풀오버예요.
아무리 디자인이 예뻐도
자주 손이 가지 않으면 무용지물!
감각적이면서도 실용적인 굿 아이템이랍니다.

HOW TO MAKE — P.148

## 빈티지 블루 스웨터
*Vintage Blue Sweater*

빈티지 블루 컬러가 세련된 무늬뜨기 스웨터예요.
아이들의 멋 내기 필수 아이템이기도 해요.
세 가지 패턴이 어우러져 뜨는 재미도 쏠쏠해요.

HOW TO MAKE — P.150

# 젠틀맨 스웨터
*Gentleman's Sweater*

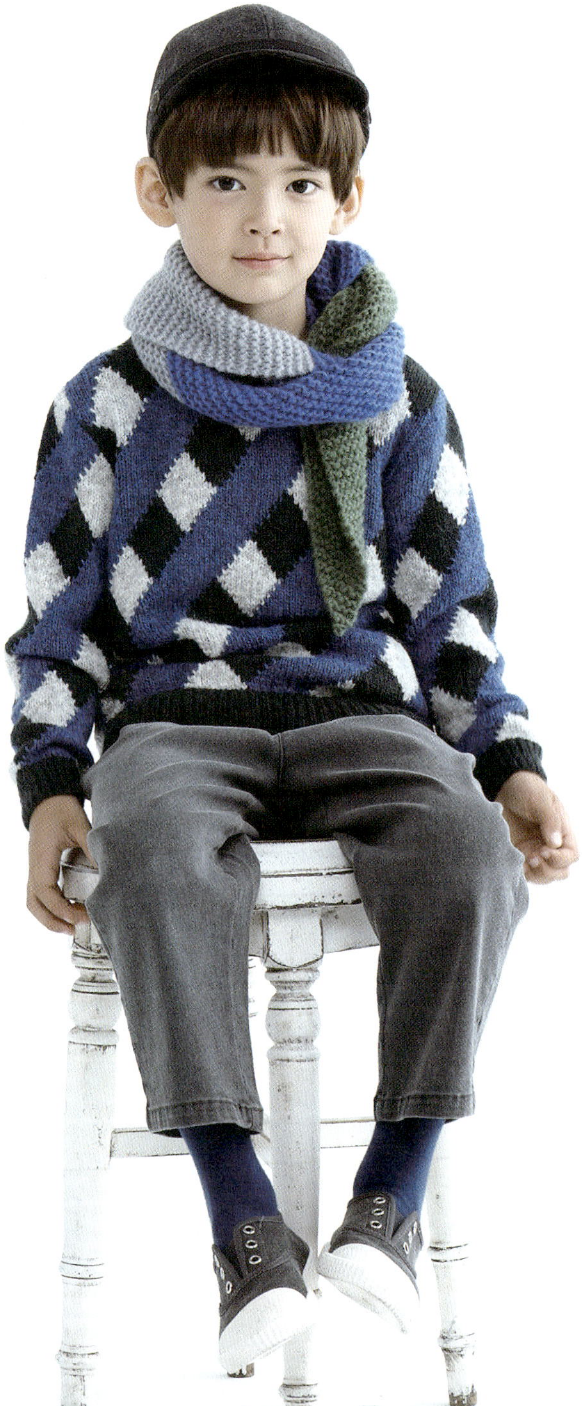

세련된 감성이 느껴지는 니트 스웨터예요.
이 옷 하나만 입어도 멋진 영국 남자가 된 느낌이랄까요.
배색에 난이도가 있지만 완성했을 때의 기쁨도 크답니다.

HOW TO MAKE — P.153

# 벌집 스웨터
## Honeycomb Patterned Sweater

유럽에서 많이 뜨는 벌집무늬 패턴 스웨터는
고급스럽고 뜨는 재미가 있는 아이템이에요.
기호로 표기할 수 없어 도안은 없지만
동영상을 보면 쉽게 따라 만들 수 있어요.

HOW TO MAKE — P.156

## 사냥꾼 지프업 점퍼
*Hunter's Zip-up Jumper*

활동적인 남자아이에게 좋은 점퍼예요.
팔꿈치에 스웨이드 패치로 포인트를 주었답니다.
베이비 알파카사로 만들어 포근하고 따뜻해요.

HOW TO MAKE — P.158

## 윈터 요정 원피스
*Winter Fairy's Dress*

공주와 요정에 열광하는 소녀들에게
딱 어울리는 원피스예요.
니트의 부드러운 소재감과 자연스럽게
떨어지는 핏이 정말 우아해요.
레이스 장식까지 달았더니,
요정이 되어 날아갈 것 같아요.

HOW TO MAKE — P.160

# 노르딕 패턴 베스트
## Nordic Patterned Vest

검정색과 아이보리의 배색이 돋보이는
라운드넥크라인 베스트에요.
남자아이, 여자아이 모두 잘 어울리는
겨울철 필수 아이템이지요.
HOW TO MAKE … P.162

# 초록 봄봄 카디건
*Green Spring Cardigan*

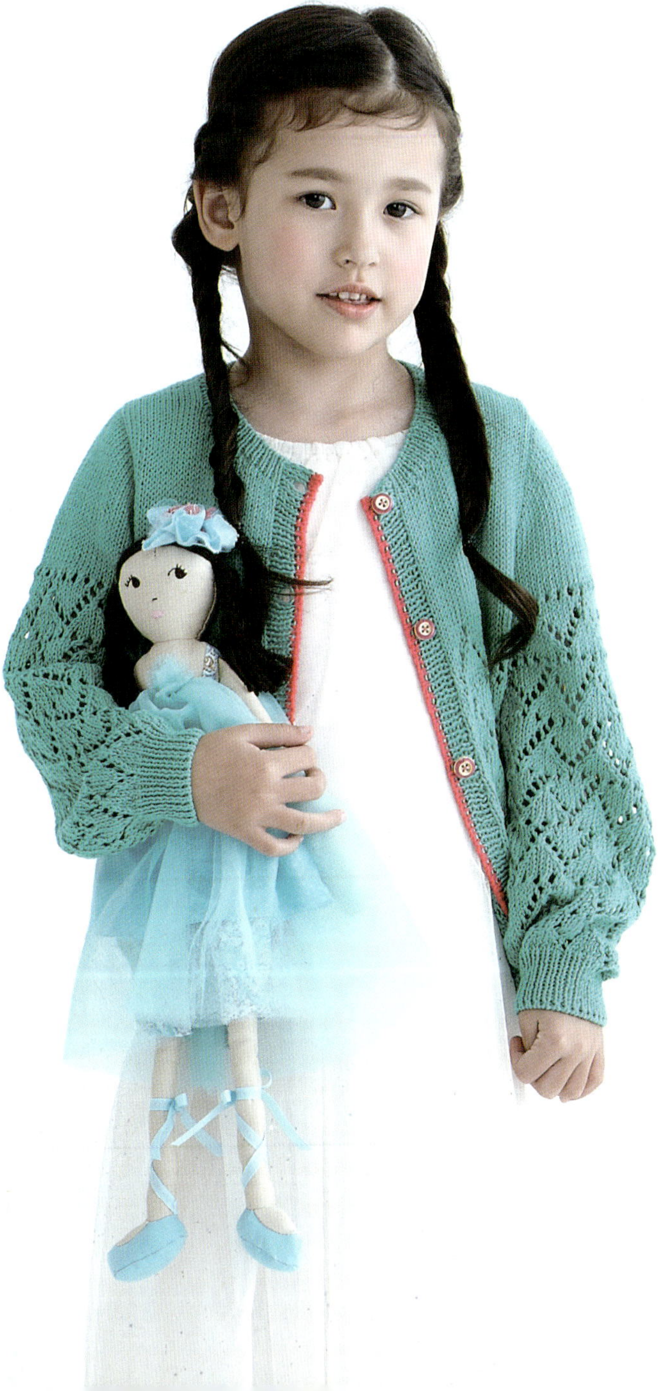

빈티지 초록의 색감에서 북유럽의 감성이 느껴져요.
지그재그 구멍무늬 패턴의 카디건을 우리 아이가
새봄에 입으면 얼마나 예쁠까요.
베이비 코튼사를 사용해서 부드럽고 세탁도 편해요.

HOW TO MAKE — P.164

# 엘사 프릴 니트
*Elsa's Frilly Knit*

화이트 밤부 유기 코튼사를 사용하여 부드럽고
엠보싱의 조직감이 독특해요.
밑단에는 펀칭 레이스를 달아 상큼 발랄한
꼬마 아가씨에게 잘 어울리는 디자인이에요.

HOW TO MAKE — P.166

## 개구쟁이 꽈배기 베스트
*Cruller Patterned Vest*

굵은 베이비 알파카사로 만들어서
보온성은 물론 내구성 또한 뛰어난 옷이에요.
숄 칼라와 아란 무늬의 패턴이 근사해요.

HOW TO MAKE — P.168

## 깜찍 토끼 스웨터
*Pretty Rabbit Sweater*

귀여운 토끼 모티브가 동심을 자극하는 스웨터예요.
토끼의 뒷모습이 아이와 조잘조잘 얘기하는 것만 같아요.
소맷단과 칼라의 진한 옐로 컬러가 카키 컬러와
보색을 이루어 더욱 깜찍해요.

HOW TO MAKE — P.170

# 그러데이션 카디건
*Gradation Colored Cardigan*

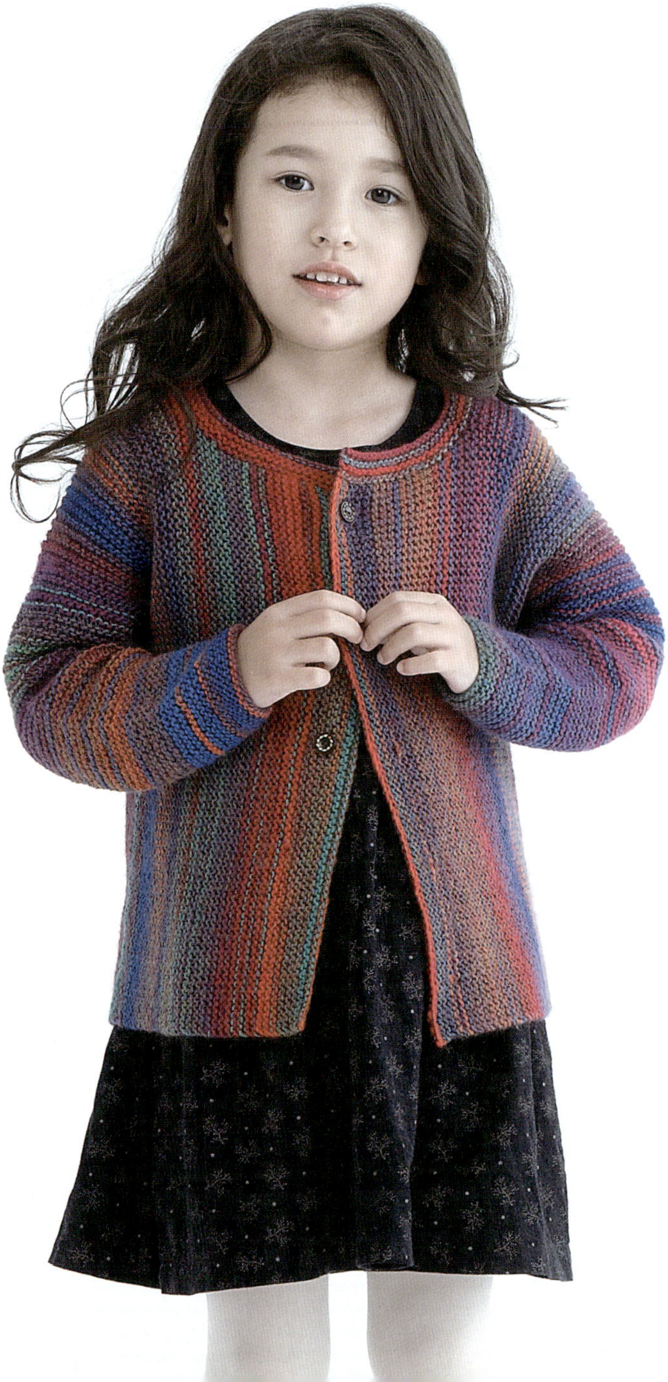

톡톡 튀는 컬러가 조화롭게 믹스된 실로,
세로 줄무늬를 이루도록 뜬 독특한 카디건이에요.
엄마와 커플 룩으로 입으면 시선이 집중될 거예요.

HOW TO MAKE — P.173

## 빅 포켓 지프업 베스트
*Big Pocket Zip-up Vest*

앞 몸판을 길게 뜬 다음 접어서 커다란 주머니를 만들고,
서로 다른 색감과 무늬뜨기를 이용해 디자인했어요.
지퍼로 여미는 스타일이라 활동적인 아이들에게 좋아요.

HOW TO MAKE — P. 175

## Dolls & Baskets
인형과 정리 바구니

GIBBON DOLL

CAT DOLL

PLAY BASKET

## 긴팔원숭이 & 냅시랭 고양이
*Gibbon Doll & Cat Doll*

원숭이의 팔과 다리를 길게 떠서
아이들이 업부바도 하고 몸에 감기도 하며 신나게 놀아요.
새침데기 고양이 아가씨는 어깨에 살포시 얹고 다니죠.

HOW TO MAKE  P.177

# 동물 캐릭터 플레이 바구니
*Animal Character Basket*

아이들의 장난감 정리는 정말 끝이 없어요.
이렇게 예쁜 플레이 바구니를 만들어 놓으면
아이들 스스로 장난감을 정리하게 될 거예요.

HOW TO MAKE — P.183

*How to make*

## BASIC · 01
# 손뜨개 기본 도구

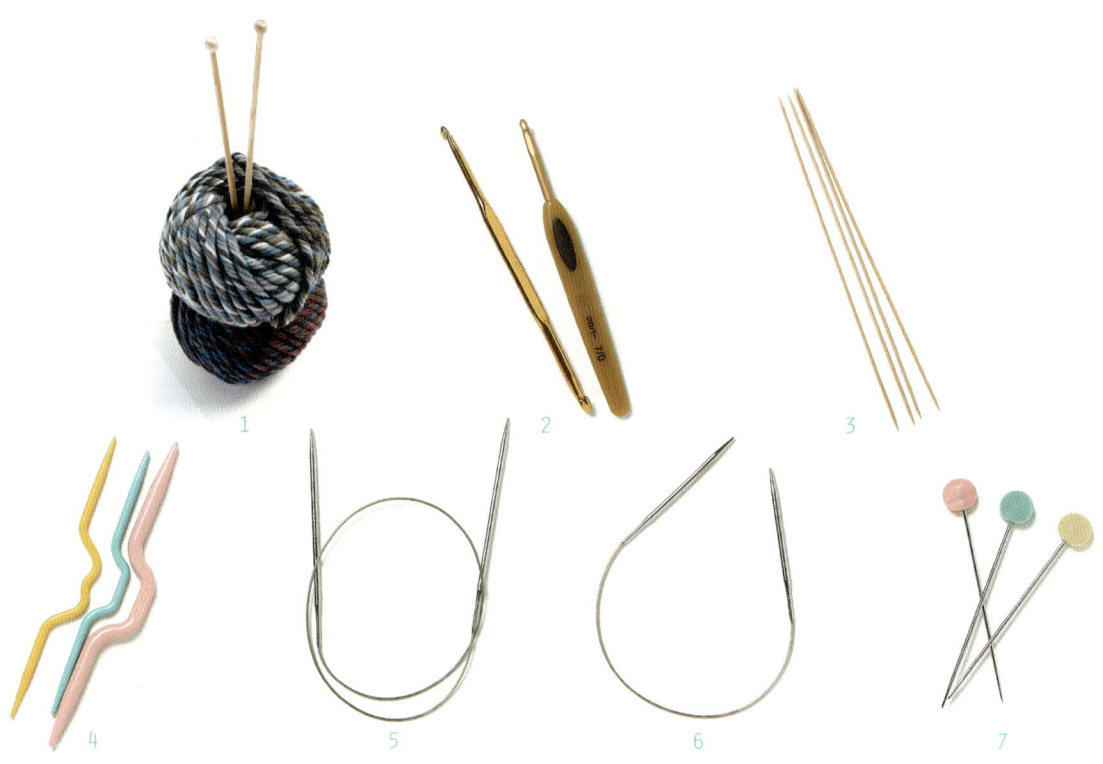

**1 대바늘(막대바늘)** 대바늘은 휘지 않고 표면이 매끄러운 것, 사용하려는 실의 굵기보다 약간 굵은 것을 고른다. 일본에서는 굵기를 호수로 나타내고, 우리나라에서는 밀리미터로 표시한다. 일본 바늘 10호가 5.1mm이니 대략 5mm 바늘이다. 몸판을 뜰 때는 한쪽 끝이 막힌 것을 사용하고, 양쪽 끝이 뚫린 것은 모자 등을 원통으로 굴려가면서 뜰 때 편리하다.

**2 코바늘** 대바늘과 마찬가지로 실의 굵기에 따라 바늘의 호수를 고른다. 일반 모사용과 레이스용 두 가지가 있는데 모사용은 호수가 클수록 굵고, 레이스용은 호수가 클수록 가늘다. 소매를 달거나 테두리 무늬와 모티브를 뜰 때 필요하다.

**3 막대장갑바늘** 4개의 바늘이 한 세트이다. 모자나 장갑 등을 원통으로 뜰 때 사용한다.

**4 꽈배기바늘** 바늘의 가운데 부분이 활처럼 휜 바늘로, 코가 쉽게 빠지지 않는다. 꽈배기 문양처럼 교차뜨기가 필요한 여러 무늬를 뜰 때 코를 잡아두기 위해 사용한다.

**5 줄바늘(80cm 길이)** 대바늘 2개를 플라스틱 줄로 연결한 바늘로, 코가 빠질 염려가 없어 초보자가 사용하기 좋다. 나무 소재의 바늘보다 알루미늄 소재의 바늘이 표면이 매끄러워서 사용하기 편하다.

**6 둘레바늘(40cm 길이)** 짧은 줄바늘로 목선이나 겨드랑이 등의 좁은 부분 또는 둥글게 뜨는 모자 등에 사용하면 좋다.

**7 시침핀** 몸판에 소매를 연결하거나 옆선끼리 꿰맬 때 시침핀으로 고정한 후 연결하면 어긋나지 않고 편리하게 꿰맬 수 있다.

**8 돗바늘** 대바늘뜨기를 하면서 솔기를 잇거나 꿰맬 때, 코의 마지막 부분을 마무리할 때, 장식 수를 놓을 때 빠져서는 안 될 도구다.

**9 방울 메이커** 털실 방울을 손쉽게 만들 수 있는 전용 도구이다. 방울 메이커를 사용하면 쓰고 남은 실로 방울을 만들 수 있어 실을 절약할 수 있다.

**10 어깨핀** 주머니를 뜨거나 무늬를 넣을 때, 한쪽 어깨를 다 뜬 다음 다른 쪽 어깨를 뜰 때 쉼코를 걸어주는 용도로 사용한다. 어깨핀을 이용하면 코가 빠질 염려가 없어 좋다.

78

**11 단·코 표시핀** 단수와 콧수를 표시할 때 사용하는 도구다. 단·코 표시핀을 사용하면 뜨개질을 하면서 매번 번거롭게 단수와 콧수를 다시 세지 않아도 되어 편리하다.

**12 줄자** 만들려는 옷이나 소품의 전체 치수, 부분 치수를 잴 때 꼭 필요한 도구다.

**13 마그넷 마카** 무늬뜨기를 할 때 단수가 헷갈리는 것을 방지하는 도구다. 판과 막대가 자석으로 되어 있어 떠야 할 단에 한 줄 한 줄 표시하면서 확인할 수 있다.

**14 단추** 크기별로 예쁜 단추는 의류나 인형의 눈 등에 장식용으로 다양하게 사용할 수 있다.

**15 게이지 자** 10×10cm 안의 단수와 콧수를 잴 때 요긴하다. 중앙에 구멍이 뚫려 있어 바늘을 딱 맞는 구멍에 넣으면 일본 바늘의 호수를 mm 단위로 환산할 수 있다.

**16 가위** ❶ 수예용 가위 ┆ 조그만 수예용 가위를 휴대용으로 가지고 다니면 편리하다.

❷ 겸자 가위 ┆ 인형의 가늘고 긴 팔다리 등에 솜을 집어넣을 때 쓰는 가위로, 미끄러지지 않아 솜을 수월하게 넣을 수 있다.

**17 레이스** 동대문 종합상가나 인터넷 사이트 등에서 여러 종류의 레이스 원단을 찾을 수 있다. 니트에 부분적으로 접목하면 색다른 디자인을 연출할 수 있다.

**18 각종 실** 퀄리티가 좋은 수입 실은 종류도 다양하고 가격 차이도 크다. 가능하면 완성하려는 작품을 염두에 두고 충분한 양의 실을 한꺼번에 구입하는 것이 좋다. 부족한 실을 다시 구입하려고 하면 롯드 번호(염색번호)가 달라 색상이 조금씩 다를 수 있기 때문이다.

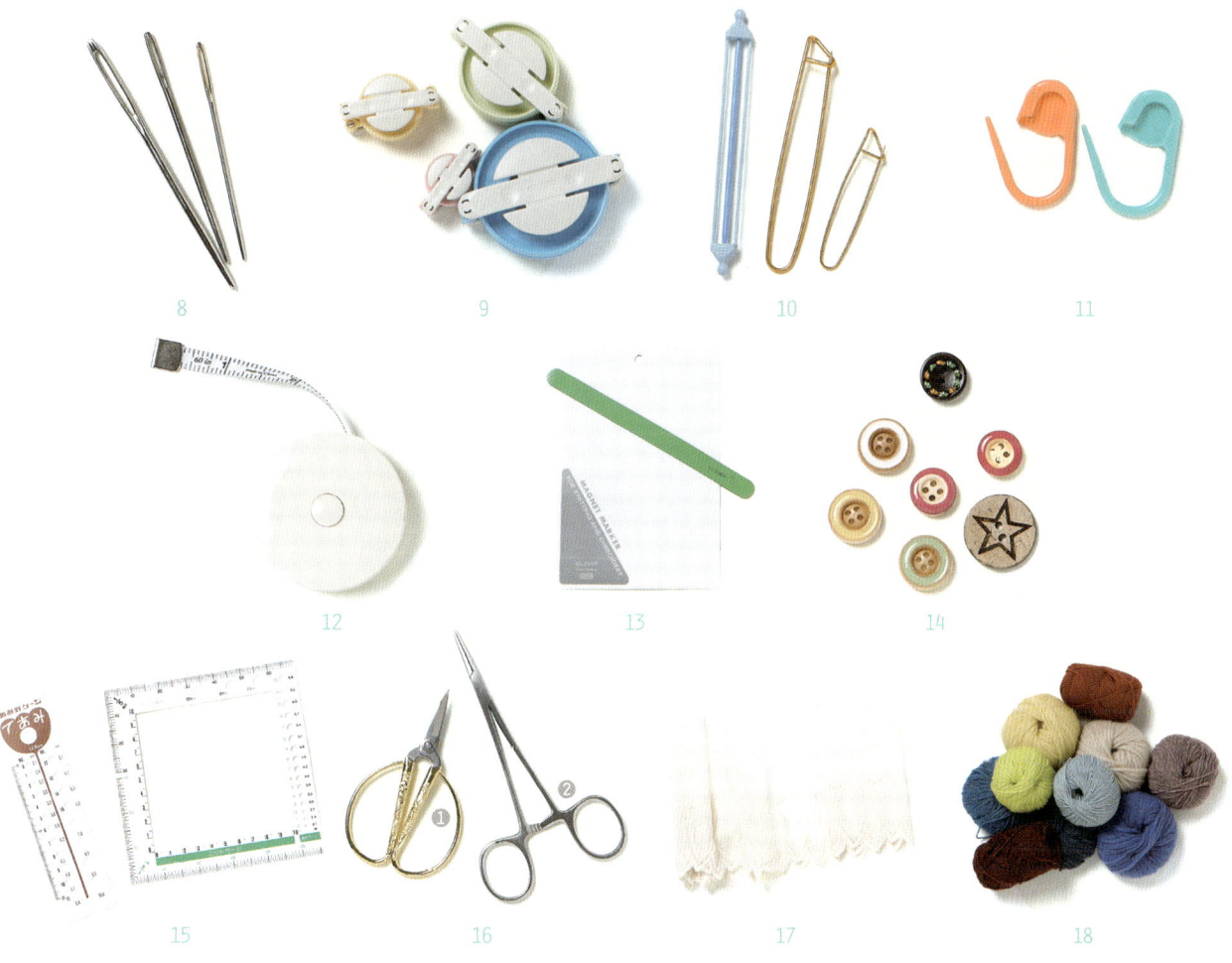

BASIC • 02

# 초보자 도안 읽기

### 게이지 내기

작품을 뜨기 전 가장 먼저 해야 하는 작업이면서 가장 중요한 과정이다. 조금 번거롭게 느껴지기도 하지만 완성도 높은 작품을 만들기 위해 꼭 필요하다.

먼저 뜨고자 하는 실과 바늘을 이용해 선택한 무늬뜨기로 사방 15cm 정도를 뜬다. 이 상태(세탁 전의 게이지)에서 사방 10cm 안의 콧수와 단수를 세고 세탁을 한다. 뉘어 말린 다음 다시 세는 것을 세탁 후의 게이지라고 한다. 세탁 전과 세탁 후의 게이지를 모두 재는 이유는 세탁 전과 후를 비교해봐야 실의 변화나 뜨는 사람의 손의 변화를 알고 오차를 줄일 수 있기 때문이다.

게이지란 원래 사방 1cm 안의 콧수와 단수를 뜻하지만, 오차가 커질 수 있기 때문에 통상적으로 10cm 안의 콧수와 단수를 잰다. 이것을 1cm로 환산해서 이용한다. 게이지를 잴 때는 보통 두세 군데를 재서 평균값을 내는 것이 좋다.

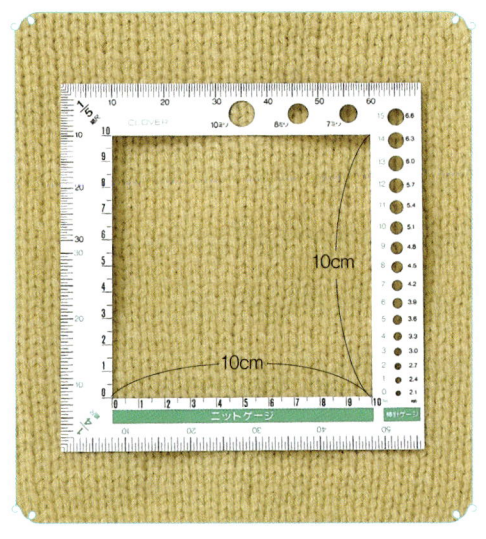

### 게이지 대입하여 도안보기

● 뒤판 도안 보기(왼쪽 그림 참조)

1. 10cm의 게이지가 27코×33단일 때, 1cm로 환산하면 2.7코×3.3단이다. 뒤판 가로 품이 34cm일 때 [34cm×2.7코)+시접코 2코=93.8코]이고 무늬뜨기가 5의 배수+3코의 조건값이므로 93코로 한다.

2. 3.5cm 대바늘로 93코를 잡아 무늬뜨기(3코 겉뜨기, 2코 안뜨기를 반복)하면서 74단을 뜬다. 이때 74단은 22cm×3.4=74.8단이고 단수는 짝수로 맞춰야 하기 때문에 나온 값이다.

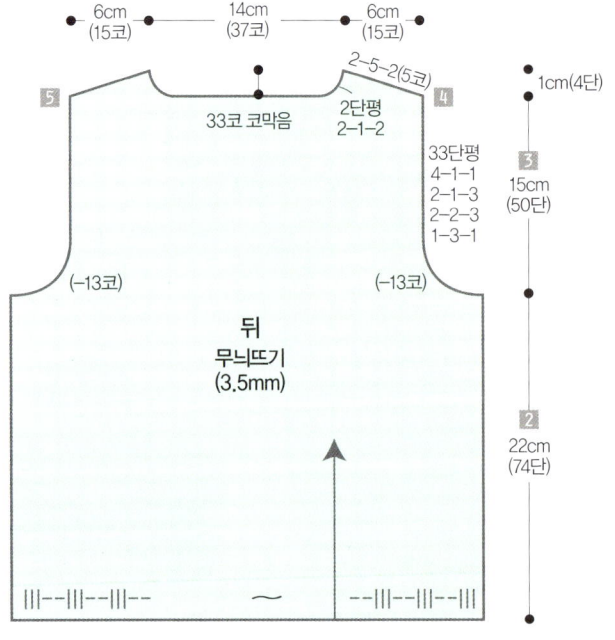

3 진동 줄임은 양쪽에서 13코씩 줄이는데 도안의 표기는 오른쪽 진동 줄임을 기준으로 표기한 것이다. 즉 오른쪽 진동 줄임은 첫째 단 겉뜨기를 뜰 때 3코 코막음하여 3코를 줄이고 끝까지 겉뜨기한다(1-3-1). 뒤집어 안뜨기를 뜰 때 3코 코막음으로 왼쪽 진동 줄임을 시작한다. 다시 겉뜨기를 뜰 때 2코 코막음한 다음 쭉 겉뜨기를 하고, 뒤집어 안뜨기를 뜰 때 2코 코막음하는 과정을 3회 반복(2-2-3)한다. 이런 방법으로 2단마다 1코씩 줄이기를 3회하고, 4단마다 1코씩 줄이기를 1회하여 31단을 증감 없이 더 뜬다.

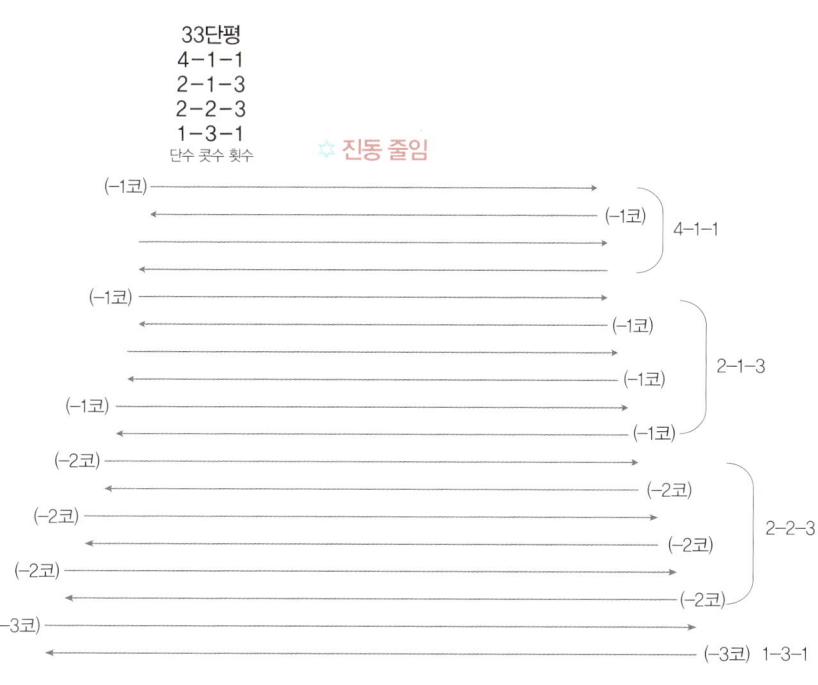

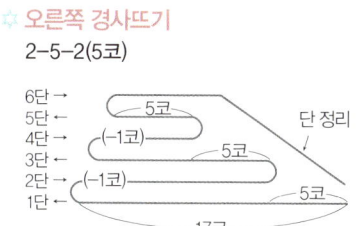

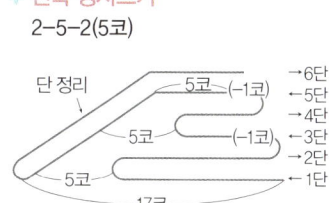

4 어깨처짐과 뒷목 파임은 진동 15cm(50단)에서 2단 덜 뜬 48단까지만 더 뜬 상태에서 시작한다. 오른쪽 어깨처짐은 어깨에 남아 있는 최종 15코와 2코를 더한 17코까지 겉뜨기한다. 그 상태에서 뒤집은 다음 안뜨기 방향에서 1코를 코막음하고(뒷목 파임), 안뜨기를 쭉 떠내려오다 끝의 5코를 덜 뜬다. 다시 뒤집은 다음 겉뜨기 방향에서 실 방향을 앞으로 놓고(안뜨기를 하듯), 첫 코를 뜨지 말고 그냥 오른쪽 바늘에 안뜨기하듯 옮기고 실이 앞에 있는 상태에서 겉뜨기를 한다. 이때 걸기코가 생긴다. 끝까지 겉뜨기하고, 다시 되돌려 안뜨기 방향에서 1코 더 코막음하고(뒷목 파임) 5코만 더 뜬다. 되돌려 위와 같이 걸기코를 만들고 겉뜨기한다. 뒤집어 안뜨기를 뜨면서 걸기코와 그다음 코를 순서를 바꿔 함께 떠가며 단을 정리한다(오른쪽 어깨 완성). 어깨 15코를 어깨핀에 옮기고 실을 30cm 정도 남기고 끊는다.

5 새로 실을 걸어 33코를 코막음하고 왼쪽 어깨처짐과 뒷목 파임을 시작한다. 겉뜨기를 쭉 떠내려가다 끝의 5코를 덜 뜨고 뒤집는다. 안뜨기 방향에서 실을 겉뜨기할 때처럼 뒤로 넘기고 첫 코를 뜨지 말고 오른쪽 바늘에 안뜨기하듯 옮겨 안뜨기한다. 이때 걸기코가 생긴다. 안뜨기를 끝까지 하고 다시 뒤집어 1코 코막음하고(뒷목 파임) 6코만 겉뜨기한다. 다시 뒤집어 걸기코를 만들고 안뜨기한다. 뒤집어 1코를 더 코막음하고(뒷목 파임) 겉뜨기를 뜨면서 걸기코와 그다음 코를 같이 떠가며 단을 정리한다. 안뜨기 1단을 뜬다(왼쪽 어깨 완성).

## BASIC·03

# 대바늘뜨기

 **코 만들기**

**기본코 만드는 법**  가장 기본적인 코 만드는 방법으로, 초보자도 쉽게 따라 할 수 있다.

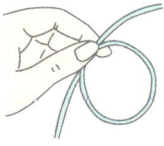
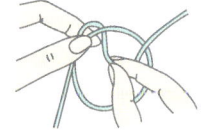
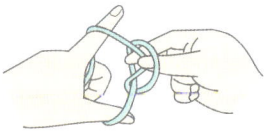
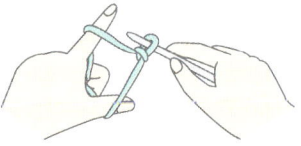

1 실을 원으로 만든다.

2 원 안으로 실을 잡아 뺀다.

3 엄지와 검지 사이에 실을 걸어 온다.

4 바늘을 끼운다.

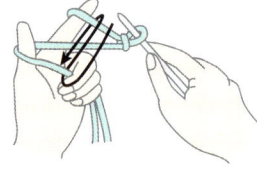
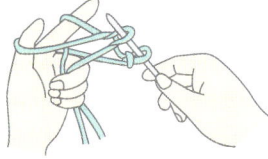
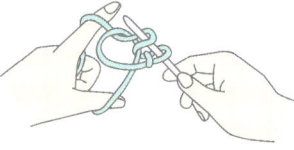
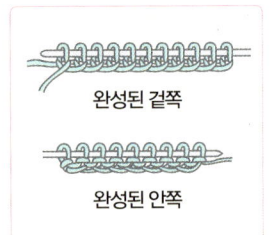

5 화살표 방향대로 바늘에 실을 걸어 온다.

6 검지 쪽의 실을 끌어오면서 엄지에 걸려 있는 실을 놓는다.

7 다시 엄지와 검지 사이로 실을 걸고 잡아당겨 바늘에 고정한다.

완성된 겉쪽

완성된 안쪽

**원형으로 코 만들기**  모자나 장갑 등을 원통으로 뜰 때 4개의 막대바늘로 뜨는 방법이다.

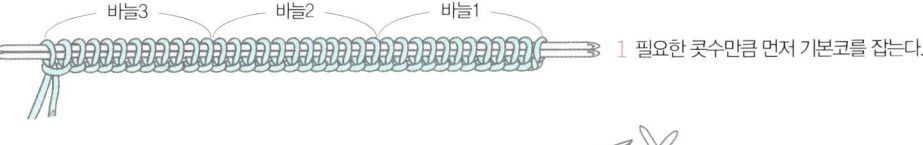

1 필요한 콧수만큼 먼저 기본코를 잡는다.

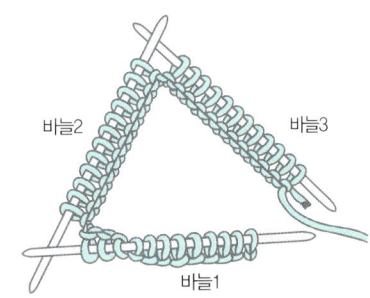
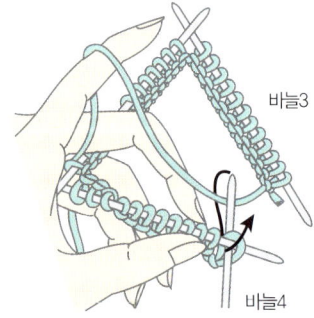

2 3등분한 코를 3개의 막대바늘에 나눠 옮긴다.

3 코의 겉면이 바깥쪽을 향하게 한 상태에서 네 번째 바늘을 사용해 첫 코에 바늘을 넣고 뜨면 원형이 된다.

### 코바늘을 이용해 별실로 코잡기

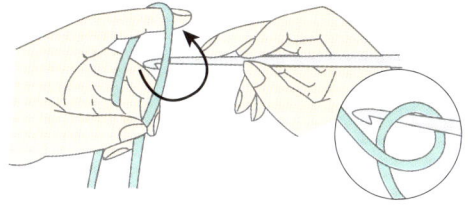

1 코바늘로 실의 안쪽에서 바깥쪽으로 원을 그리듯 돌린다.

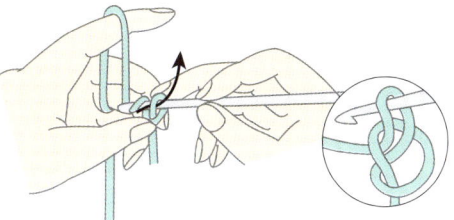

2 바늘에 실을 걸어 빼온다.

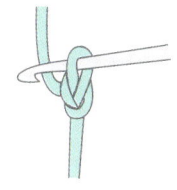

3 기본코를 완성한 모습.

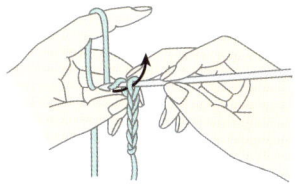

5 원하는 콧수만큼 사슬뜨기한다.

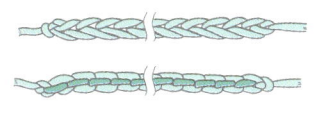

6 필요한 콧수만큼 사슬코를 잡은 다음 실을 끊는다.

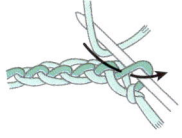

7 안쪽 면에 있는 뒷산에 대바늘을 찔러 넣고 새로운 실을 걸어 빼온다.

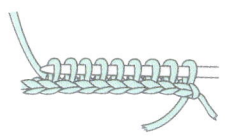

8 같은 방법으로 계속 뒷산에 대바늘을 넣어 코를 끌어온다.

## 2 보조 실을 이용해 고무단 코 만들기

### 1코 고무뜨기인 경우

|−|−|−|−|−|−|  양쪽 끝이 모두 겉뜨기 2코인 경우  보조 실 콧수=(필요 콧수+3)÷2, 필요 콧수는 홀수

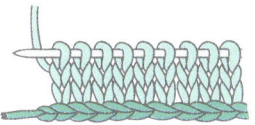

1 보조 실(별실, 색상이 다른 실)로 코를 잡고 본실로 메리야스뜨기 3단을 뜬다.

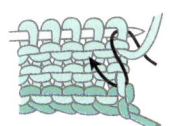

2 안쪽 면에 걸려 있는 첫 코와 그 밑의 코를 끌어올려 같이 안뜨기한다.

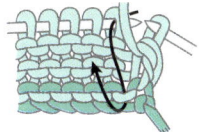

3 화살표 방향으로 위와 아래 코에 바늘을 찔러 한꺼번에 안뜨기한다.

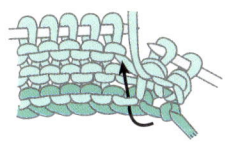

4 밑의 코를 겉뜨기한다.

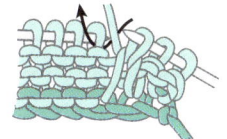

5 바늘에 있는 코를 안뜨기한다.

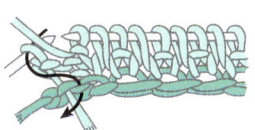

6 4, 5번 과정을 반복한 다음 마지막 바늘에 걸려 있는 코와 아래코를 끌어올린다.

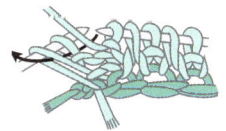

7 같이 안뜨기한다.

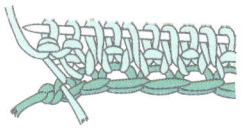

8 완성한 모습.

| ‖-‖-‖-‖-‖ | **왼쪽 끝은 겉뜨기 2코, 오른쪽 겉뜨기 1코일 경우** | 보조 실 콧수=(필요 콧수+2)÷2, 필요 콧수는 짝수

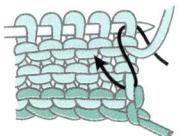 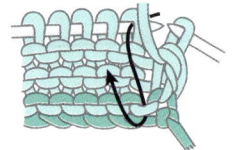 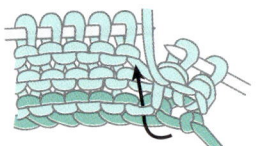 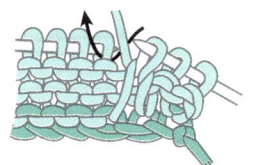

1 보조 실로 코를 잡고 본실로 메리야스뜨기 3단을 뜬 뒤 화살표 방향으로 한꺼번에 안뜨기한다.

2 같은 방향으로 위와 아래 2코를 한꺼번에 안뜨기한다.

3 밑의 코를 겉뜨기한다.

4 바늘의 코를 안뜨기한다. 3, 4번 과정을 끝까지 반복한다.

| ‖-‖-‖-‖-‖ | **왼쪽 끝은 겉뜨기 1코, 오른쪽 끝은 겉뜨기 2코일 경우** | 보조 실 콧수=(필요 콧수+2)÷2, 필요 콧수는 짝수

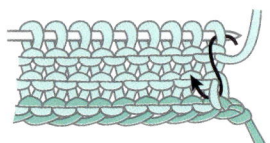 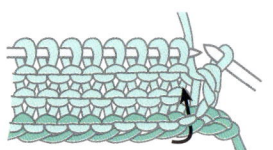 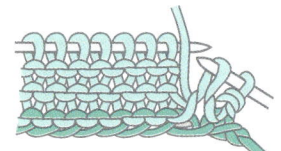 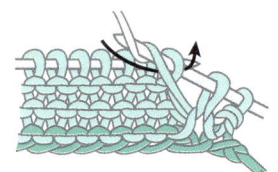

1 보조 실로 코를 잡고 본실로 메리야스뜨기 3단을 뜬 화살표 방향으로 한꺼번에 안뜨기한다.

2 밑의 코를 끌어올린다.

3 겉뜨기한다.

4 바늘의 코를 안뜨기한다. 3, 4번 과정을 끝까지 반복한다.

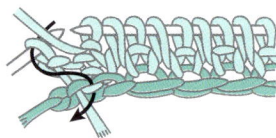  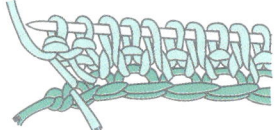

5 마지막 바늘에 걸려 있는 코와 아래 코를 끌어올린다.

6 한꺼번에 안뜨기한다.

7 완성한 모습.

| ‖-‖-‖-‖-‖-‖ | **양쪽 끝이 모두 겉뜨기 1코인 경우** | 보조 실 콧수=(필요 콧수+1)÷2, 필요 콧수는 홀수

 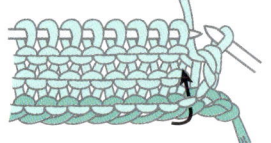 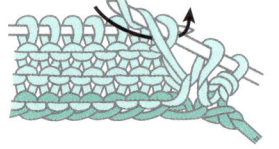 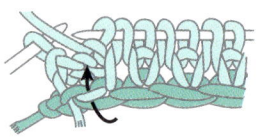

1 보조실로 코를 잡고 본실로 메리야스뜨기 3단을 뜬 뒤 화살표 방향대로 한꺼번에 안뜨기한다.

2 밑의 코를 겉뜨기한다.

3 바늘의 코를 안뜨기한다. 2, 3번 과정을 반복한다.

4 밑에 있는 마지막 코를 겉뜨기한다.

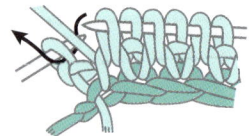 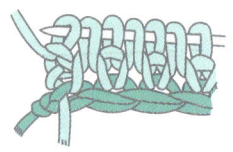

5 바늘에 있는 마지막 코를 안뜨기한다.

5 완성한 모습.

## 2코 고무뜨기인 경우

> ‖--‖--‖--‖  **양쪽 끝이 겉뜨기 2코인 경우** : 보조 실 콧수=(필요 콧수+2)÷2, 필요 콧수는 4의 배수+2코

1 보조 실(별실. 색상이 다른 실)로 코를 잡고 본실로 메리야스뜨기 3단을 뜬다.

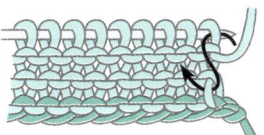

2 안쪽 면에서 걸려 있는 첫 코와 그 밑의 코를 끌어올려 같이 안뜨기한다.

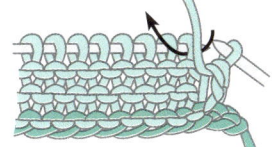

3 바늘에 있는 코를 안뜨기한다.

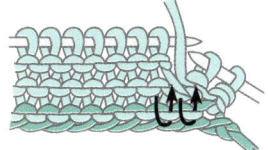

4 밑의 2코를 차례대로 겉뜨기한다.

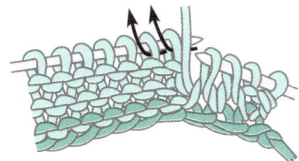

5 바늘에 있는 2코를 차례대로 안뜨기한다.

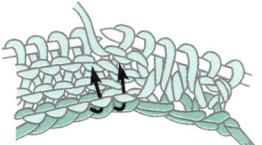

6 4, 5번 과정을 반복한다.

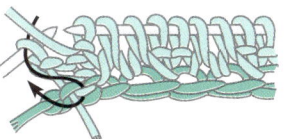

7 마지막 바늘에 걸려 있는 코와 아래 코를 끌어올린다.

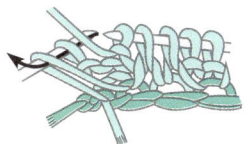

8 같이 안뜨기한다.

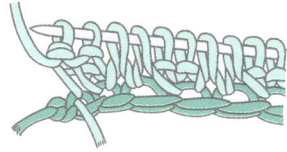

9 완성한 모습.

> ‖‖--‖--‖--‖  **왼쪽 끝이 겉뜨기 3코, 오른쪽 끝이 겉뜨기 2코인 경우**
> : 보조 실 콧수=(필요 콧수+3)÷2, 필요 콧수는 4의 배수+3코

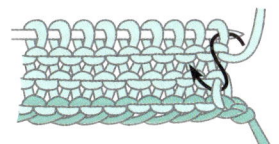

1 보조 실로 코를 잡고 본실로 메리야스뜨기 3단을 뜬 뒤 화살표 방향으로 한꺼번에 안뜨기한다.

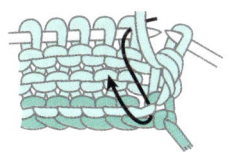

2 바늘에 걸려 있는 코를 안뜨기한다.

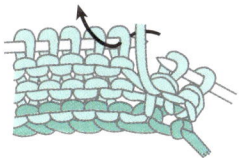

3 밑의 2코를 차례대로 겉뜨기한다.

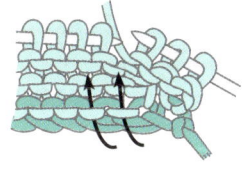

4 바늘에 있는 2코를 차례대로 안뜨기한다. 3, 4번 과정을 반복한다.

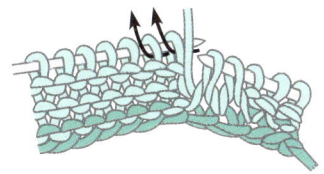

5 화살표 방향으로 위와 아래 2코에 바늘을 넣는다.

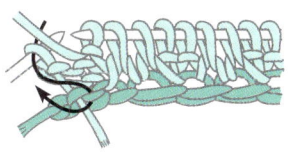

6 한꺼번에 안뜨기한다.

| | – – | | – – | | – – | | | 왼쪽 끝이 겉뜨기 2코, 오른쪽 끝이 겉뜨기 3코인 경우

보조 실 콧수=(필요 콧수+3)÷2, 필요 콧수는 4의 배수+3코

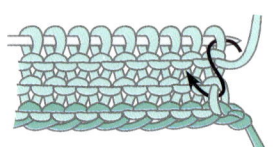 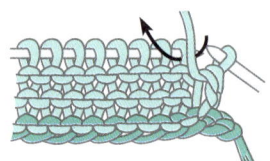 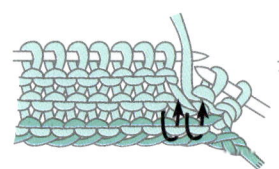 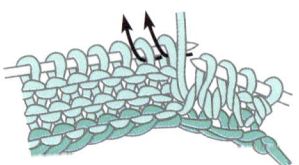

1 보조 실로 코를 잡고 본실로 메리야스뜨기 3단을 뜬 뒤 화살표 방향으로 한꺼번에 안뜨기한다.

2 같은 방법으로 위와 아래 2코를 한꺼번에 안뜨기한다.

3 바늘에 걸려 있는 코를 안뜨기한다.

4 밑의 2코를 차례대로 겉뜨기한다.

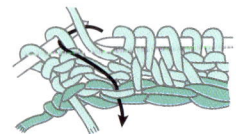 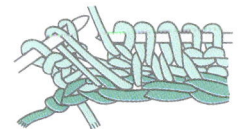 

5 바늘에 있는 2코를 차례대로 안뜨기한다. 4, 5번 과정을 반복한다.

6 마지막 바늘에 걸려 있는 코와 아래코를 끌어올려 한꺼번에 안뜨기한다.

6 위와 아래 남은 마지막 1코씩을 한꺼번에 안뜨기한다.

## 3 기본 기법과 뜨기 기호

**대바늘뜨기의 기본 기법과 완성 모양**

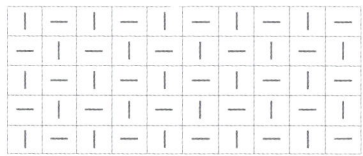

⊛ **메리야스뜨기**
가장 기본이 되는 뜨기 방법으로, 겉쪽 면에서는 겉뜨기를 뜨고, 안쪽 면에서는 안뜨기를 한다.

⊛ **가터뜨기**
겉쪽 면에서도 겉뜨기를 하고, 안쪽 면에서도 겉뜨기만을 계속 하는 방법이다.

⊛ **1코 고무뜨기**
주로 니트의 끝단 처리에 사용하는 방법으로, 겉뜨기와 안뜨기를 1코씩 번갈아가며 뜬다.

⊛ **2코 고무뜨기**
겉뜨기 2코, 안뜨기 2코씩 번갈아가며 뜬다

⊛ **멍석뜨기**
겉쪽 면에서는 1코 고무뜨기처럼 겉뜨기와 안뜨기 1코씩을 번갈아가며 뜬 후 안쪽 면에서는 겉뜨기를 안뜨기로, 안뜨기를 겉뜨기로 뜬다.

## 자주 사용하는 뜨기 기호

### ｜ 겉뜨기

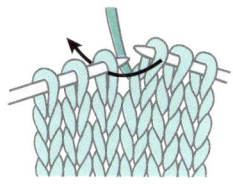
1 코 앞에서 오른쪽 바늘을 왼쪽 코의 뒤로 넣는다.

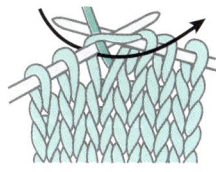
2 뒤로 넣은 바늘에 실을 안쪽으로 감은 다음 화살표 방향으로 바늘을 빼낸다.

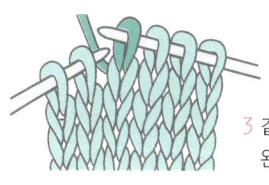
3 겉뜨기를 완성한 모습.

### ｜ 안뜨기

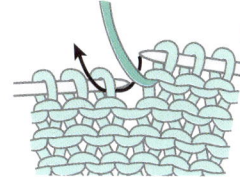
1 오른쪽 바늘을 코 뒤에서 앞으로 넣는다.

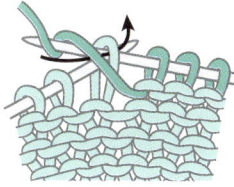
2 앞으로 뺀 바늘 위로 실을 돌려 감은 다음 화살표 방향으로 바늘을 빼낸다.

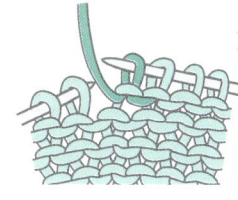
3 안뜨기를 완성한 모습.

### ᴦ 오른코 늘리기

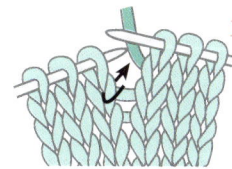
1 다음번 뜰 코의 밑단 코에 바늘을 넣는다.

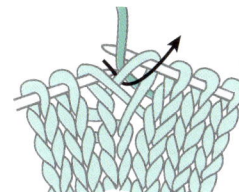
2 그대로 끌어올린 후 실을 걸쳐 겉뜨기한다.

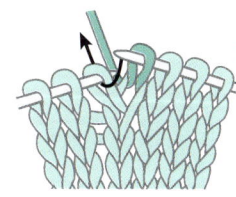
3 왼쪽 바늘에 걸려 있는 코도 다시 이어서 겉뜨기한다.

### ᴧ 왼코 늘리기

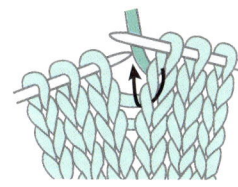
1 뜬 코의 2단 아래쪽 코에 바늘을 넣는다.

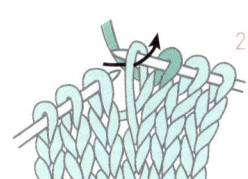
2 오른쪽 바늘로 코를 끌어올린다.

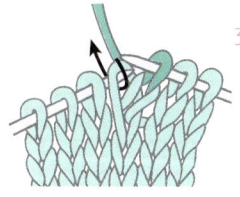
3 왼쪽 바늘에 끌어올릴 코를 옮겨 겉뜨기한다.

### ⋋ 오른코 2코 모아뜨기

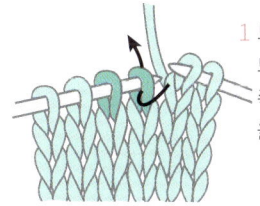
1 모아뜨기할 코를 뜨지 않고 오른쪽 바늘로 코를 옮긴다.

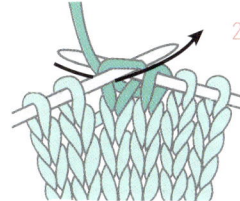
2 1의 상태에서 다음 코를 겉뜨기한다.

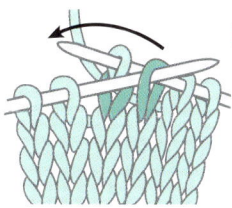
3 옮겨놓은 오른쪽 바늘의 코를 겉뜨기한 코에 덮어씌운다.

### ⟨ 왼코 2코 모아뜨기

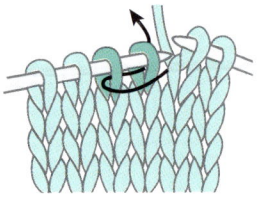
1 오른쪽 바늘을 왼쪽 2코에 화살표 방향으로 한꺼번에 넣는다.

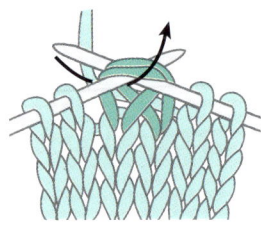
2 2고를 한꺼번에 겉뜨기한다.

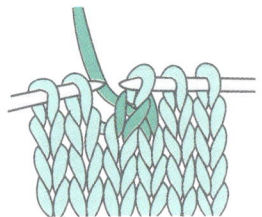
3 완성한 모습.

### ● 코막음하기

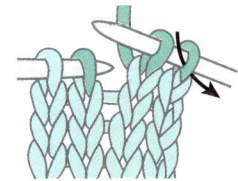
1 겉뜨기한 2코 중 오른쪽 코에 왼쪽 바늘을 넣는다.

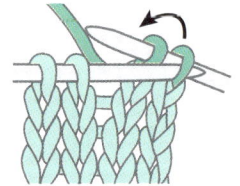
2 왼쪽 바늘을 위로 들어 올려 덮어씌워서 빼낸다.

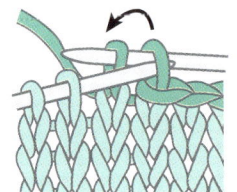
3 다음 코를 다시 겉뜨기한 다음 오른쪽 코를 들어 올려 덮어씌우기를 반복한다.

### ●╳ 덮어씌워 코막음하기 | 진동 줄임이나 앞목 파임 등 곡선 줄임을 할 때

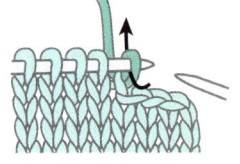
1 첫 단 줄임에서는 첫 코를 뜨고 덮어씌우나 다음 단 줄임에서는 첫 코를 뜨지 않고 오른쪽 바늘에 옮긴다(곡선 모양을 완만하게 만들기 위해).

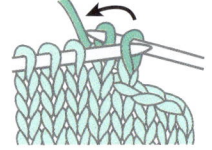
2 두 번째 코를 겉뜨기한다.

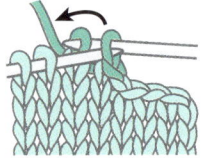
3 오른쪽 바늘의 첫 번째 코 밑에 바늘을 넣어 뒤집어씌운다.

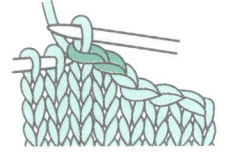
4 완성한 모습.

### ○ 바늘비우기 | 구멍 내기

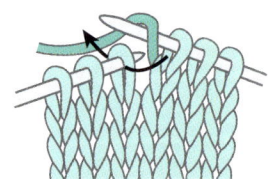
1 오른쪽 바늘에 실을 감고, 다음 코에 화살표 방향으로 바늘을 넣는다.

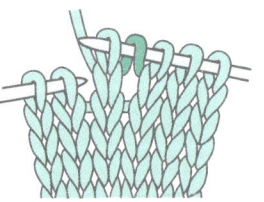
2 실을 감아 겉뜨기한다.

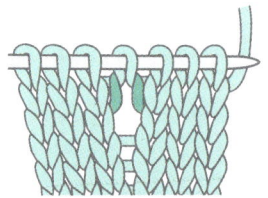
3 다음 코부터는 그대로 겉뜨기한다.

## 꼬아뜨기

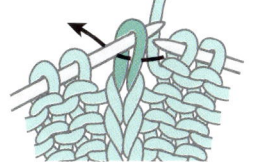 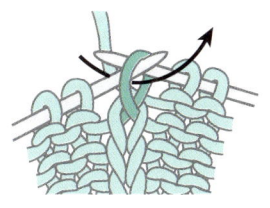  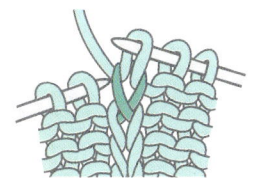

1 코의 위로 바늘을 넣는다.　　2 실을 감아 겉뜨기한다.　　3 코 사이로 실을 끌어온다.　　4 꼬아서 겉뜨기한 모습.

## 중심 3코 모아뜨기

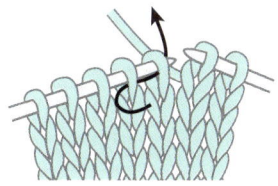 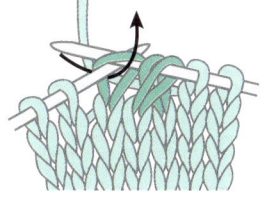 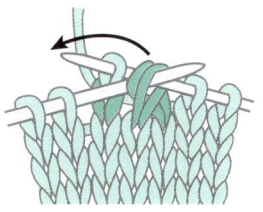

1 2코를 뜨지 않고 화살표 방향으로 오른쪽 바늘에 옮긴다.　　2 다음 세 번째 코를 겉뜨기한다.　　3 옮겨놓은 2코를 겉뜨기한 코에 덮어씌우면 완성.

## 오른코 중심 3코 모아뜨기

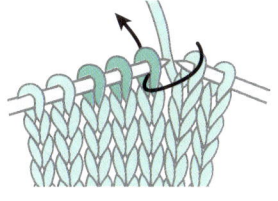 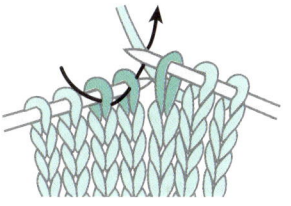 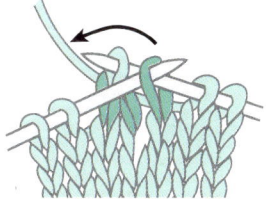 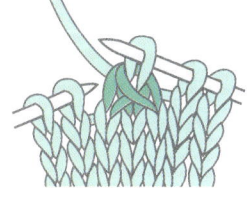

1 첫 번째 코는 뜨지 않고 겉뜨기 방향으로 뺀다.　　2 두 번째, 세 번째 코를 동시에 겉뜨기한다.　　3 뜨지 않고 그냥 옮겼던 첫 번째 코를 뒤집어씌운다.　　4 완성한 모양.

## 왼코 중심 3코 모아뜨기

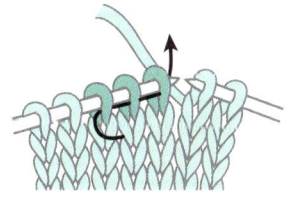  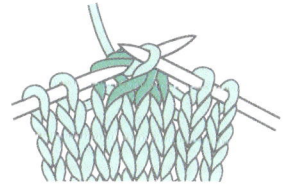 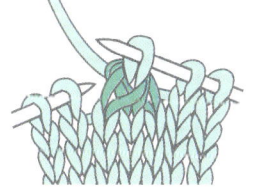

1 2 3 3코를 한꺼번에 겉뜨기한다.　　4 완성한 모습.

**오른코 위 1코 교차뜨기**

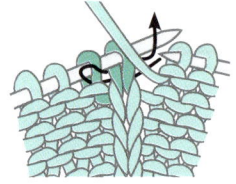 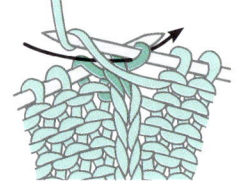 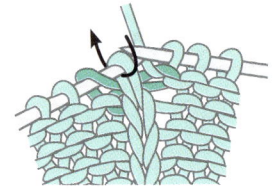 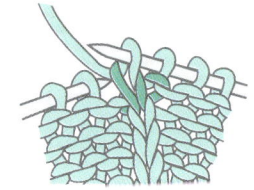

1 첫 번째 겉뜨기코를 뜨지 않은 상태에서 다음 코 안뜨기를 겉뜨기코 뒤쪽에서 바늘로 찌른다.

2 실을 감아 안뜨기한다.

3 첫 번째 코를 겉뜨기하고 안뜨기했던 코와 함께 한꺼번에 오른쪽 바늘에서 빼낸다.

4 완성한 모습.

 **왼코 위 1코 교차뜨기**

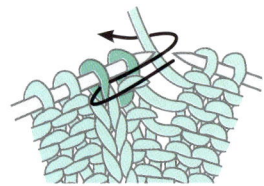  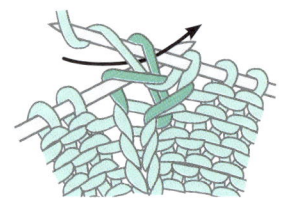 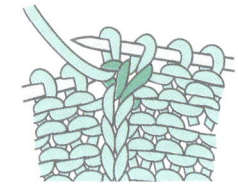

1 두 번째 코에 먼저 바늘을 넣는다.

2 겉뜨기한다.

3 첫 번째 코를 안뜨기하고 겉뜨기했던 두 번째 코와 한꺼번에 오른쪽 바늘에서 빼낸다.

4 완성한 모습.

 **오른코 2코와 1코 교차뜨기**

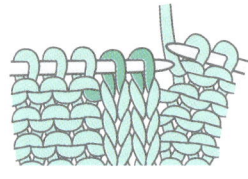  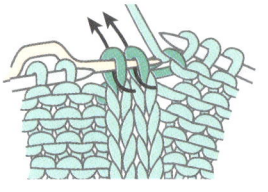 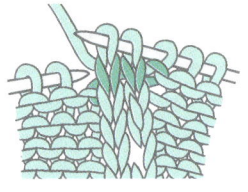

1 겉뜨기 2코를 꽈배기바늘로 옮겨 앞으로 놓는다.

2 다음 안뜨기 1코를 먼저 뜬다.

3 꽈배기바늘에 옮겼던 코를 순서대로 겉뜨기한다.

4 교차한 모습.

 **왼코 2코와 1교 교차뜨기**

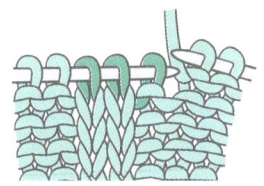 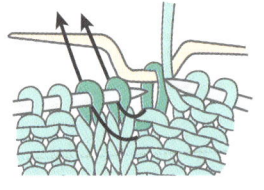 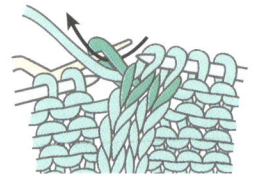 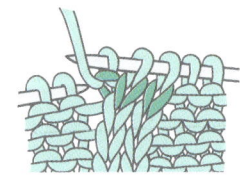

1 첫 번째 안뜨기코를 꽈배기바늘에 옮겨 뒤에 놓는다.

2 두 번째, 세 번째 코를 먼저 겉뜨기한다.

3 꽈배기바늘에 있는 코를 안뜨기한다.

4 교차한 모습.

 **오른코 위 2코 교차뜨기** | 2:2 꽈배기뜨기

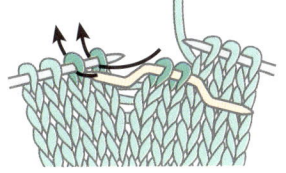
1 왼쪽의 2코를 꽈배기바늘에 옮겨 앞쪽에 놓는다.

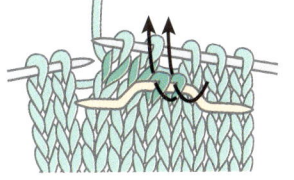
2 다음 2코를 차례대로 겉뜨기한 후 꽈배기바늘에 옮긴 코를 1코씩 겉뜨기한다.

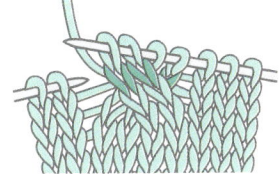
3 교차한 모습.

 **왼코 위 2코 교차뜨기** | 2:2 꽈배기뜨기

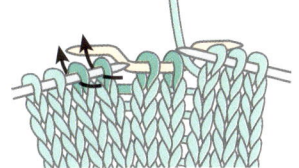
1 왼쪽의 2코를 꽈배기바늘에 옮겨 뒤쪽으로 놓는다.

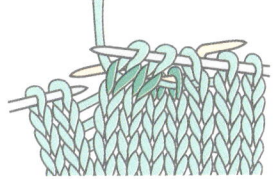
2 다음 2코를 차례대로 겉뜨기한다.

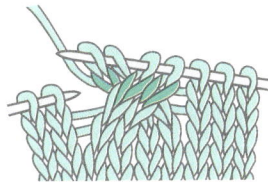
3 꽈배기바늘에 옮긴 뒤쪽의 2코를 겉뜨기한다.

 **걸러뜨기** | 1단

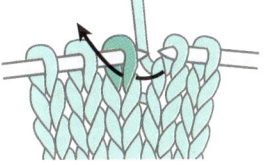
1 지정된 위치에서 왼쪽 바늘의 코를 뜨지 않고 오른쪽 바늘에 그대로 옮긴다.

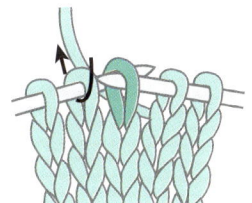
2 다음 단에서는 그대로 뜬다.

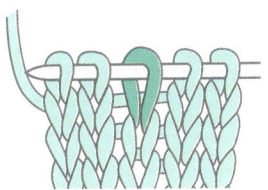
3 완성한 모습.

 **걸쳐뜨기** | 1단

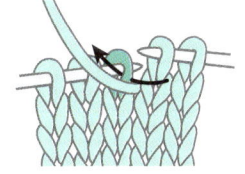
1 떠오던 실을 앞으로 놓는다.

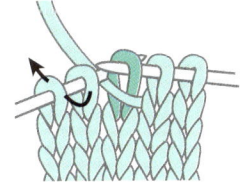
2 코를 뜨지 않고 오른쪽 바늘에 옮긴다.

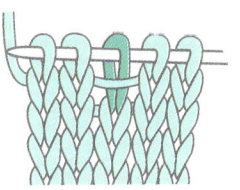
3 다음 코를 겉뜨기한다. 걸쳐뜨기한 모습.

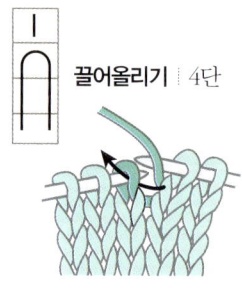 끌어올리기 | 4단

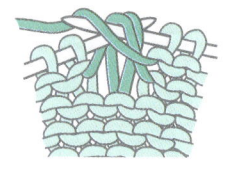
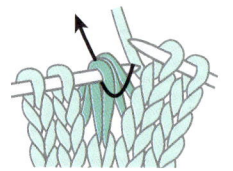

1 바늘에 실을 건 채, 코를 뜨지 않고 오른쪽 바늘에 그냥 옮긴다.

2 다음 단에서도 실을 건 채 뜨지 않고 옮긴다.

3 그다음 단에서는 앞에서 끌어올린 2단 분량의 늘림코와 함께 한꺼번에 뜬다.

4 2단 분량의 끌어올린 코를 완성한 모습.

## 1코 단춧구멍 만들기

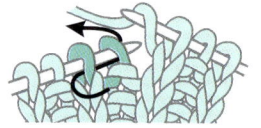

1 오른쪽 바늘에 실을 걸고, 왼쪽 바늘 2코에 오른쪽 바늘을 화살표 방향으로 넣는다(겉면).

2 왼쪽 바늘의 2코를 동시에 겉뜨기한다.

3 다음 단에서 걸기코를 겉뜨기한다(안쪽 면).

4 겉면에서 단춧구멍을 본 완성된 모습.

 2코 단춧구멍 만들기

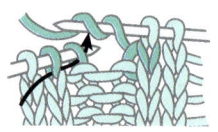
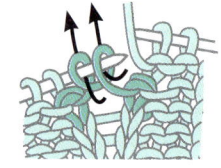

1 오른쪽 코를 겹쳐뜨기한 다음 오른쪽 바늘에 실을 2번 감아 2코 걸기코를 만든다. 다음 2코를 왼쪽 코에 겹쳐뜨기한다.

2 다음 단에서 만들어놓은 걸기코(바늘비우기한 코)를 1코씩 차례로 꼬아뜨기한다.

3 남은 코를 마저 떠서 완성한다. 안쪽 면에서 본 완성된 모습.

4 겉면에서 본 완성된 모습.

## 코막음과 감아코로 단춧구멍 만들기

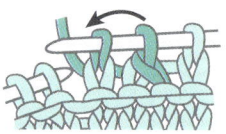

1 단춧구멍 위치와 코를 덮어씌워 코막음한다.

2 그다음 단에서 코막음했던 콧수만큼 감아코로 늘린다.

3 단춧구멍의 모양.

4 다음 단을 떠서 완성한 모습.

 **끌어올림코로 세로 단춧구멍 만들기**

겉을 보고 뜨는 단
1 실을 오른쪽 바늘에 감아 안뜨기코와 겉뜨기코를 동시에 왼코 겹쳐뜨기한다.

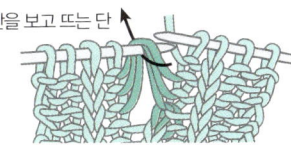
안을 보고 뜨는 단
2 4단째 끌어올린 코를 한꺼번에 겉뜨기한다.

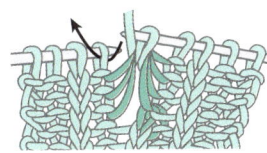
3 다음 코를 뜬다.

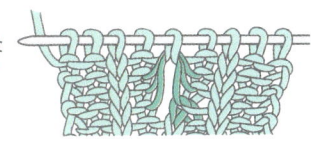
4 안쪽 면에서 완성된 모습.

 **코 늘리기**

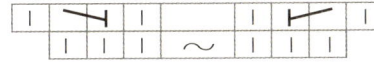 **오른코·왼코 늘리기** | 겉뜨기

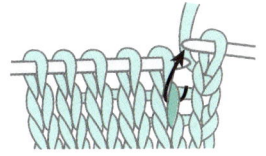
1 1코 겉뜨기로 뜬다.

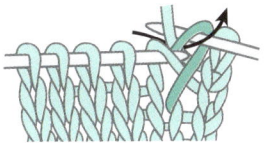
2 바늘에 걸려 있는 코의 아래쪽 코를 끌어올려 겉뜨기한다.

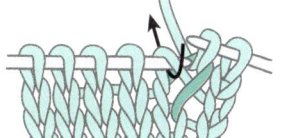
3 원래의 코를 겉뜨기한다.

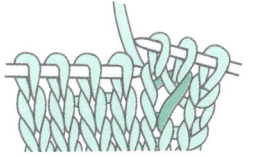
4 코를 늘린 모습.

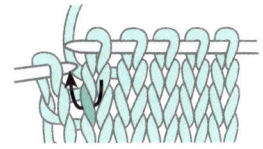
5 마지막 직전의 코를 겉뜨기한 후 그 밑의 밑쪽 코에 바늘을 넣는다.

6 끌어올려 겉뜨기한다.

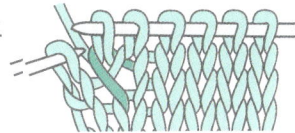
7 코를 늘린 모습.

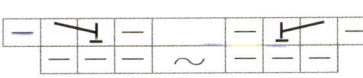 **오른코·왼코 늘리기** | 안뜨기

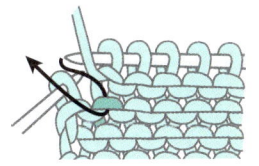
1 첫 코를 안뜨기한 다음 두 번째 코를 안뜨기하기 전에 그 밑의 코를 끌어올려 안뜨기한다.

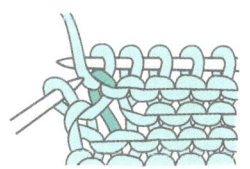
2 두 번째 코를 안뜨기한다.

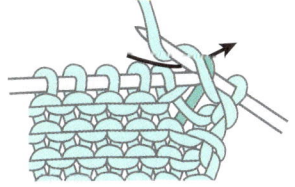
3 마지막 1코 직전까지만 안뜨기한 후, 그 밑의 코를 끌어 올려 안뜨기한다.

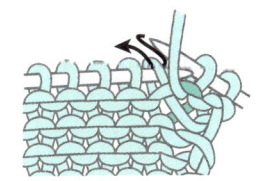
4 코를 늘린 모습.

## 꼬아뜨기로 코 늘리기 | 겉뜨기

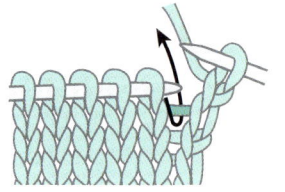

1 첫 코를 겉뜨기한 다음 코와 코 사이의 가로 방향 실을 들어 올린다.

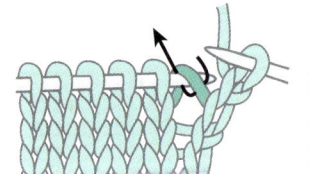

2 바늘에 건다.

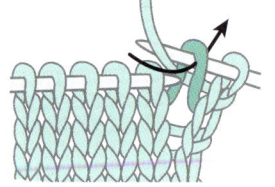

3 걸어 올린 코를 뒤로 찔러 꼬아뜨기한다.

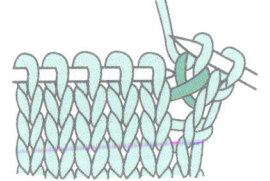

4 꼬아뜨기로 코를 늘린 모습.

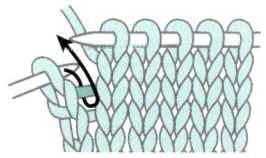

5 마지막 1코 직전까지 뜬 다음, 코와 코 사이의 가로 방향 실을 들어 올린다.

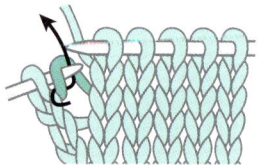

6 바늘에 건다.

7 들어 올린 코를 꼬아뜨기한다.

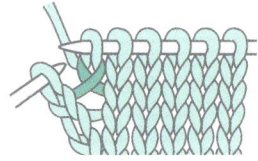

8 꼬아뜨기로 코를 늘린 모습.

## 꼬아뜨기로 코 늘리기 | 안뜨기

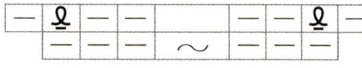

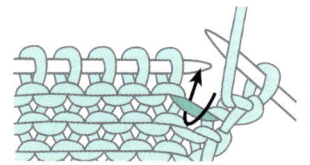

1 첫 코를 안뜨기한 다음 코와 코 사이의 가로 방향 실을 들어 올린다.

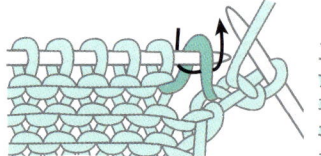

2 바늘에 걸쳐 꼬아뜨기한다.

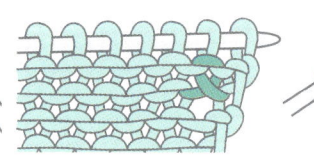

3 꼬아뜨기로 코를 늘린 모습.

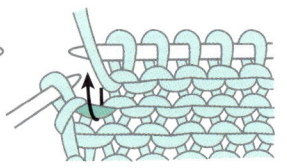

4 마지막 1코 직전까지 안뜨기한 후, 코와 코 사이의 가로 방향 실을 들어 올린다.

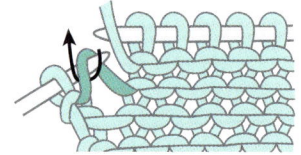

5 바늘에 걸쳐 꼬아뜨기한다.

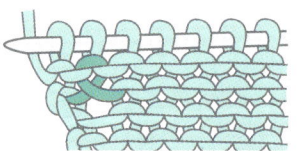

6 꼬아뜨기로 코를 늘린 모습.

## ❄ 감아코로 늘리기 | 2코 이상 늘림

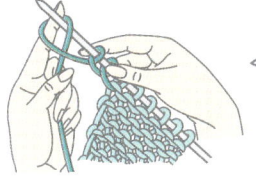
오른쪽

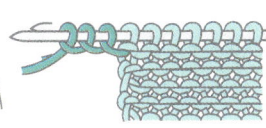

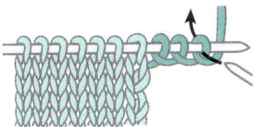

## ❄ 별도 사슬코를 이용해 코 늘리기

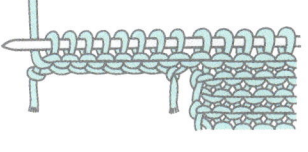
오른쪽 측면 늘리기

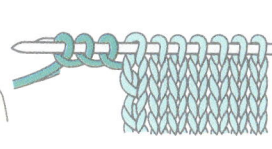
왼쪽

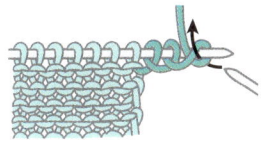

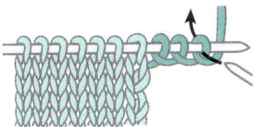
왼쪽 측면 늘리기

**1** 손가락을 이용해서 그림처럼 고리를 만든다.

**2** 오른쪽 바늘을 화살표 방향대로 걸어 넣는다.

**3** 코 늘리기를 완성한 모습.

코바늘을 이용해 별도의 실로 늘릴 콧수만큼 사슬뜨기한다. 사슬뜨기한 뒷산, 콧등에서 순서대로 코를 줍는다.

## 5 코 줄이기

### 오르코·왼코 줄이기 | 겉뜨기

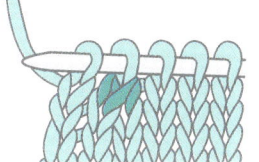
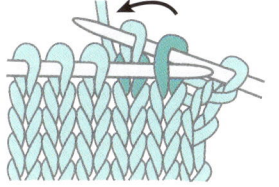
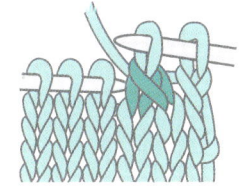

**1** 첫 코를 겉뜨기하고 두 번째 코를 뜨지 않고 옮긴 뒤, 세 번째 코를 떠서 두 번째 코를 뒤집어 씌운다.

**2** 오른 코 모아뜨기를 한 모습.

**3** 계속 겉뜨기로 뜨다가 끝의 3코가 남았을 때 2코를 동시에 왼코 모아뜨기하고 나머지 1코를 겉뜨기한다.

**4** 왼코 모아뜨기를 한 모습.

### 오른코·왼코 줄이기 | 안뜨기

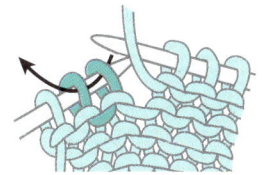
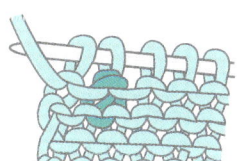
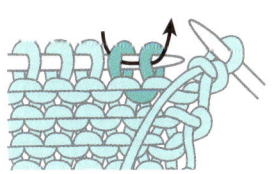
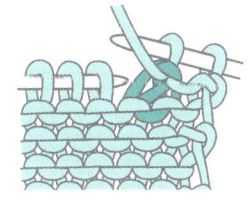

**1** 첫 코를 안뜨기하고 두 번째와 세 번째 안뜨기코를 자리를 바꿔 동시에 안뜨기한다.

**2** 코를 줄인 모습.

**3** 끝의 3코가 남았을 때 2코를 동시에 안뜨기하고 마지막 남은 1코를 안뜨기한다.

**4** 코를 줄인 모습.

### 진동 줄임이나 앞목 파임을 할 때

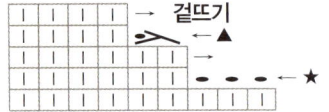

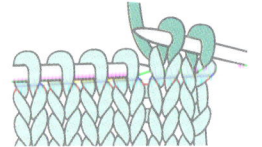
1 겉뜨기 2코를 뜬다.

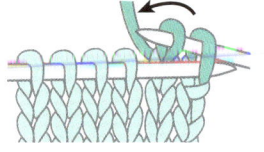
2 첫 번째 코 밑에 바늘을 넣어 뒤집어씌운다.

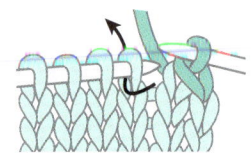
3 세 번째 코를 겉뜨기한다.

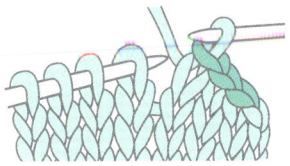
4 3코를 코막음한 모습(★).

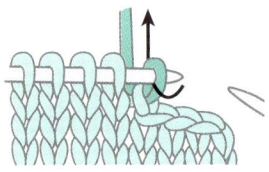
5 첫 코를 뜨지 않고 그냥 옮긴다.

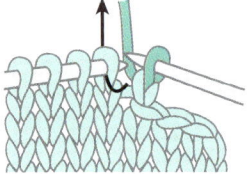
6 두 번째 코를 겉뜨기한다.

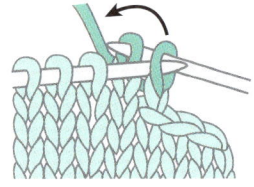
7 첫 번째 코를 뒤집어씌운다.

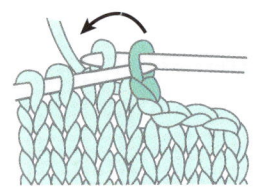
8 같은 방법으로 그다음 코를 겉뜨기하고 덮어씌운다.

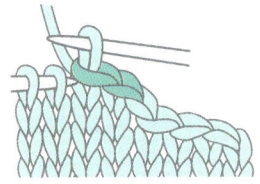
9 2코를 코막음한 모습(▲).

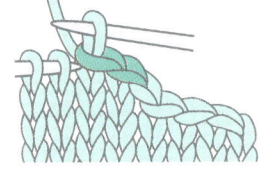

1 안뜨기 2코를 뜬다.

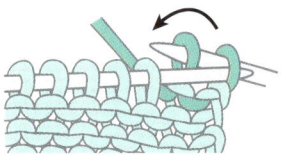
2 첫 번째 코를 뒤집어씌운다.

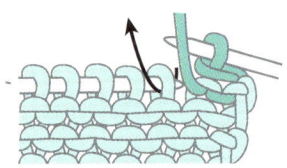
3 다음 코를 안뜨기한다.

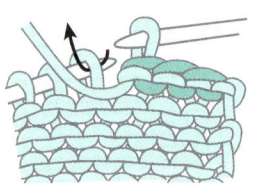
4 3코를 코막음한 모습(★).

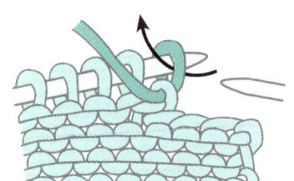
5 첫 코를 뜨지 않고 그냥 옮긴다.

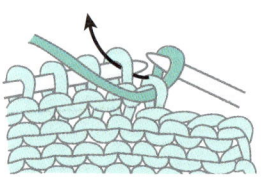
6 다음 코를 안뜨기한다.

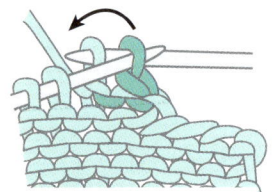
7 덮어씌운다.

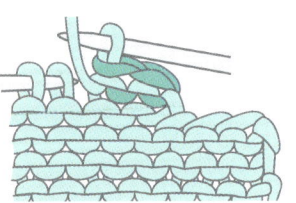
8 2코를 코막음한 모습(▲).

## 6 어깨 경사 뜨기

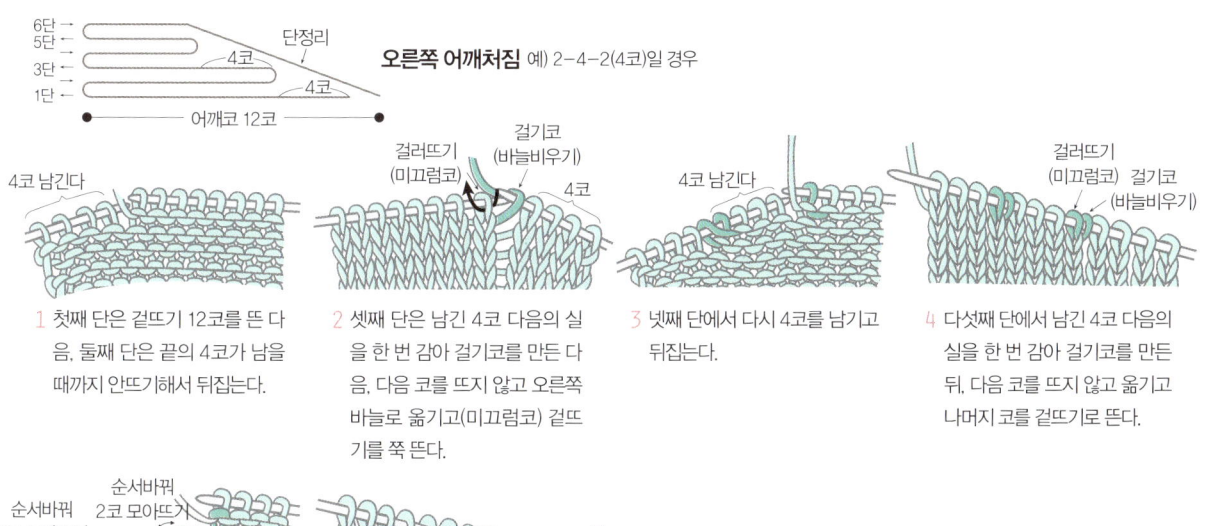

**오른쪽 어깨처짐** 예) 2-4-2(4코)일 경우

1. 첫째 단은 겉뜨기 12코를 뜬 다음, 둘째 단은 끝의 4코가 남을 때까지 안뜨기해서 뒤집는다.
2. 셋째 단은 남긴 4코 다음의 실을 한 번 감아 걸기코를 만든 다음, 다음 코를 뜨지 않고 오른쪽 바늘로 옮기고(미끄럼코) 겉뜨기를 쭉 뜬다.
3. 넷째 단에서 다시 4코를 남기고 뒤집는다.
4. 다섯째 단에서 남긴 4코 다음의 실을 한 번 감아 걸기코를 만든 뒤, 다음 코를 뜨지 않고 옮기고 나머지 코를 겉뜨기로 뜬다.
5. 여섯째 단은 미끄럼코와 그다음의 순서를 바꿔 한꺼번에 안뜨기한다.
6. 완성한 모습.

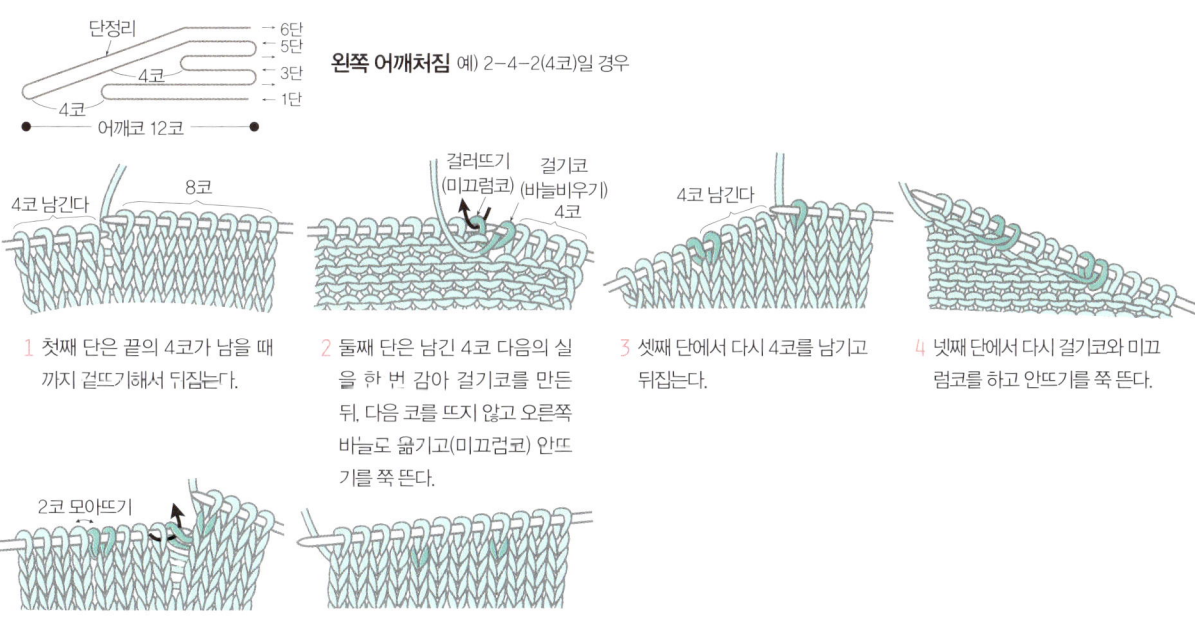

**왼쪽 어깨처짐** 예) 2-4-2(4코)일 경우

1. 첫째 단은 끝의 4코가 남을 때까지 겉뜨기해서 뒤집는다.
2. 둘째 단은 남긴 4코 다음의 실을 한 번 감아 걸기코를 만든 뒤, 다음 코를 뜨지 않고 오른쪽 바늘로 옮기고(미끄럼코) 안뜨기를 쭉 뜬다.
3. 셋째 단에서 다시 4코를 남기고 뒤집는다.
4. 넷째 단에서 다시 걸기코와 미끄럼코를 하고 안뜨기를 쭉 뜬다.
5. 마무리 단은 미끄럼코까지 뜨고 걸기코와 그다음 코를 한꺼번에 뜬다.
6. 완성한 모양. 여섯째 단은 안뜨기 1단을 뜬다.

## 7 마무리하기

### 대바늘 덮어씌우기로 마무리하기

#### ❄ 겉뜨기로 코막음하기

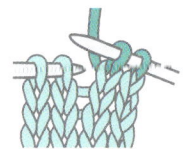 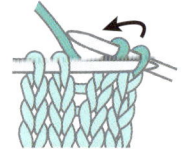 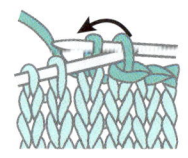 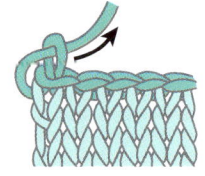

1 첫 번째 코와 두 번째 코를 겉뜨기한다.
2 오른쪽 코를 왼쪽 코에 덮어씌운다.
3 그다음 코를 겉뜨기 1코로 뜨고, 덮어씌우기를 반복해 마지막 코까지 덮어씌운다.
4 실을 마지막 코 안으로 빼낸다.

#### ❄ 안뜨기로 코막음하기

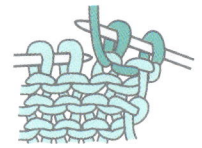 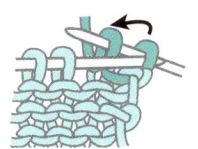 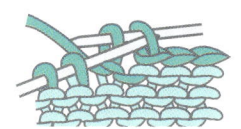 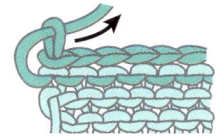

1 첫 번째 코와 두 번째 코를 안뜨기한다.
2 오른쪽 코를 왼쪽 코에 덮어씌운다.
3 그다음 코를 안뜨기 1코로 뜬 다음, 덮어씌우기를 반복해 마지막 코까지 덮어씌운다.
4 실을 마지막 코 안으로 빼낸다.

#### ❄ 1코 고무뜨기로 코막음하기

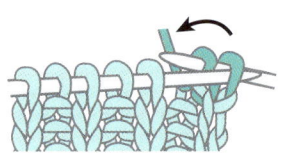 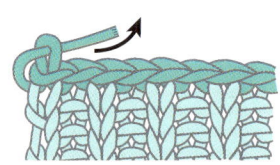

1·2 첫 겉뜨기는 겉뜨기로 뜨고 안뜨기는 안뜨기로 뜨면서 코막음한다.
2 실을 마지막 코 안으로 빼낸다.

## 돗바늘로 마무리하기

### ❁ 1코 고무뜨기 원통뜨기일 경우

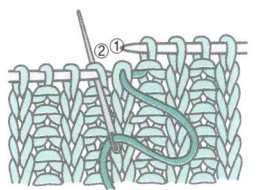 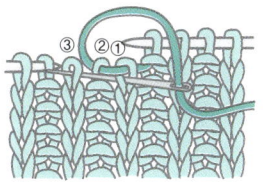 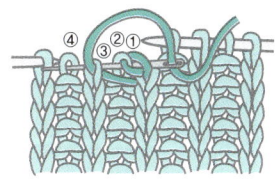 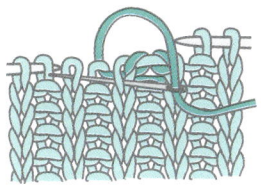

1 첫 코는 뒤쪽에서 앞쪽으로, 둘째 코는 앞에서 뒤쪽으로 바늘을 넣는다.

2 겉뜨기끼리 ①의 코 앞쪽에서 바늘을 넣고, ③의 코는 뒤쪽에서 앞으로 바늘을 넣는다.

3 안뜨기끼리 ②의 코 뒤쪽에서 바늘을 넣고, ④의 코는 앞에서 뒤쪽으로 바늘을 빼낸다.

4 2, 3번 과정과 같은 방법으로 반복한다.

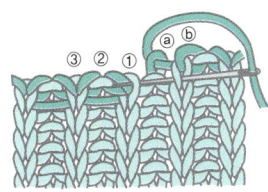 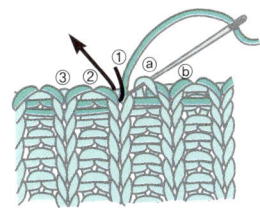

5 마지막으로 겉뜨기 코 ⓑ와 시작코 ①을 겉뜨기끼리 연결한다.

6 안뜨기 코인 ⓐ와 ②에 바늘을 넣는다.

### ❁ 1코 고무뜨기 원통뜨기일 경우

#### 1 오른쪽 시작이 겉뜨기 1코인 경우 (~|-|-|-|)

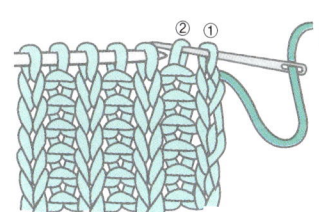 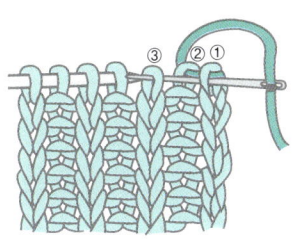

1 첫 코는 뒤쪽에서 앞으로 바늘을 넣고, 둘째 코는 앞에서 뒤로 바늘을 넣는다.

2 ①과 ③의 겉뜨기 코끼리 연결하는데, ①의 코는 앞에서 뒤로, ③의 코는 뒤에서 앞으로 바늘을 넣는다. ②와 ④의 안뜨기끼리 연결한다(1코 고무뜨기 원통뜨기 참고).

#### 2 오른쪽 시작이 겉뜨기 2코인 경우 (~|-|-|-||)

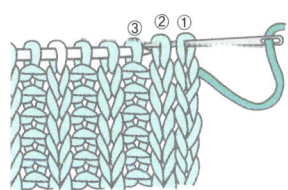 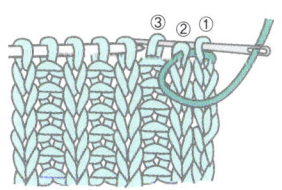 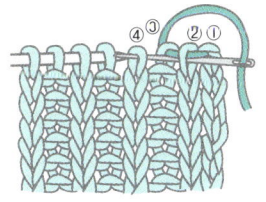 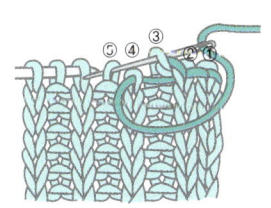

1 첫 번째 겉뜨기 코의 앞에서 바늘을 넣어 둘째 코의 뒤쪽에서 앞으로 바늘을 빼낸다.

2 ①의 코 앞쪽에서 바늘을 넣고 ③의 안뜨기 코 앞에서 뒤로 바늘을 빼낸다.

3 ②와 ④의 겉뜨기 코끼리 연결한다.

4 ③과 ⑤의 안뜨기 코끼리 연결한다.

### 3 왼쪽 끝이 겉뜨기 1코인 경우 ( l − l − l − ~ )

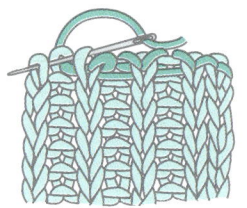

1 마지막 겉뜨기 코끼리 연결한다.

2 마지막 안뜨기 코의 뒤쪽에서 앞으로 바늘을 넣어 마지막 겉뜨기 코의 뒤쪽에서 앞으로 바늘을 빼낸다.

### 4 왼쪽 끝이 겉뜨기 2코인 경우 ( l l − l − l − ~ )

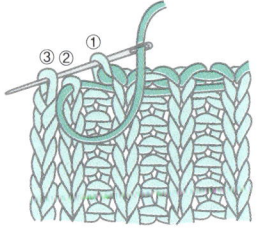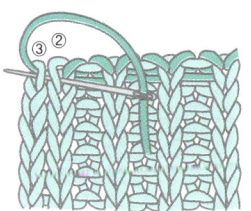

1 마지막 안뜨기 코 ①의 뒤에서 앞으로, 마지막 겉뜨기 코인 ③의 뒤에서 앞으로 바늘을 넣는다.

2 겉뜨기 코 ②의 앞에서 뒤로, ③의 뒤에서 앞으로 바늘을 빼낸다.

## ❄ 2코 고무뜨기 원형일 경우

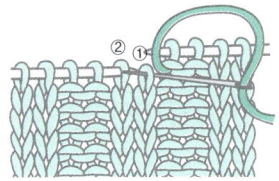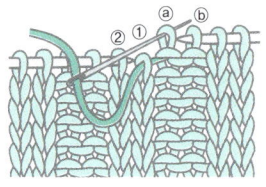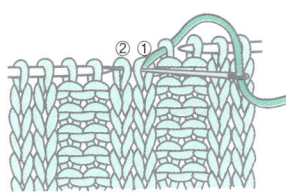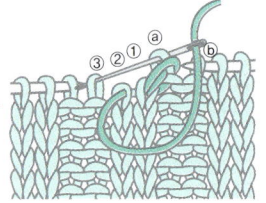

1 시작 코의 뒤쪽에서 앞으로 빼낸다.

2 마지막 코인 안뜨기 코 ⓐ의 앞에서 뒤쪽으로 바늘을 넣는다.

3 ①과 ②의 겉뜨기 코끼리 연결한다. ①의 코는 앞에서 뒤로, ②의 코는 뒤에서 앞으로 바늘을 넣는다.

4 마지막 ⓐ코의 뒤에서 앞으로 바늘을 넣고 ③의 안뜨기 코 앞에서 뒤로 바늘을 넣는다.

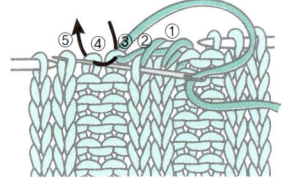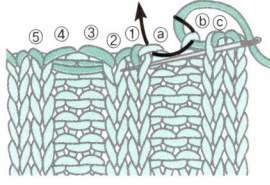

5 다시 ②와 ⑤의 겉뜨기 코끼리 연결하고 ③과 ④의 안뜨기 코끼리 연결해서 계속 반복한다.

6 마지막으로 ⓒ의 겉뜨기 코와 ①의 겉뜨기 코끼리 연결하고, ⓑ의 안뜨기 코와 ⓐ의 안뜨기 코끼리 연결해 완성한다.

## 2코 고무뜨기 평뜨기일 경우

### 1 오른쪽 시작이 겉뜨기 2코일 경우 ( ｜｜--｜｜--｜｜--｜｜ )

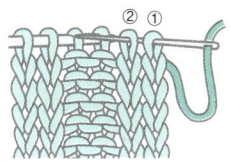 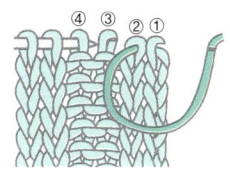 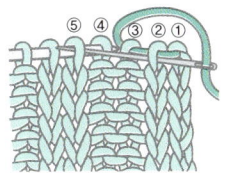 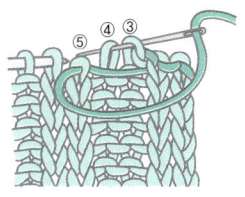

1 첫째 코의 앞쪽에서 바늘을 넣어 둘째 코의 뒤쪽에서 앞으로 바늘을 빼낸다.

2 ①의 코 앞에서 바늘을 넣어 ③의 코 앞에서 뒤로 바늘을 넣는다.

3 겉뜨기 코끼리 연결하는데, ②의 코 앞쪽에서 바늘을 넣어 ⑤의 코 뒤쪽에서 앞으로 빼낸다.

4 ③과 ④의 안뜨기 코끼리 연결한다.

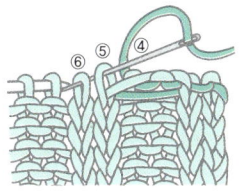 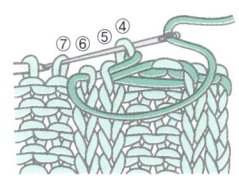 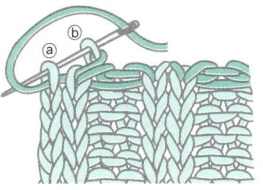

5 다시 ⑤와 ⑥의 겉뜨기 코끼리 연결한다.

6 ④와 ⑦의 안뜨기 코끼리 연결한다. 계속 반복한다.

7 마지막으로 ⓑ코의 뒤에서 앞으로, ⓐ코의 뒤에서 앞으로 바늘을 빼낸다.

### 2 오른쪽 시작이 겉뜨기 3코일 경우 ( ~ --｜｜--｜｜｜ )

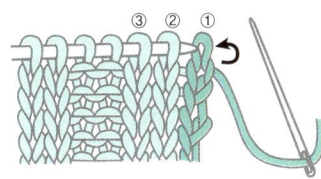 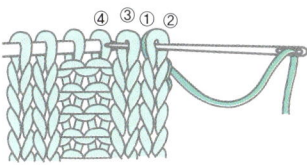 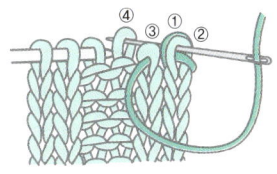

1 첫 번째 코를 뒤집어서 바늘에 낀다.

2 ①, ②번 코를 한번에 겉뜨기하듯이 앞에서 뒤로 바늘에 통과시키고 ③번 겉뜨기 코를 안뜨기 하듯이 뒤에서 앞으로 통과시킨다.

3 그림처럼 첫 번째 코와 ④번 안뜨기 코를 연결한다.

### 3 왼쪽 끝이 겉뜨기 3코일 경우 ( ｜｜｜--｜｜--｜｜ ~ )

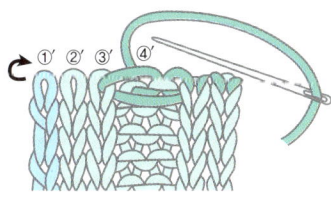 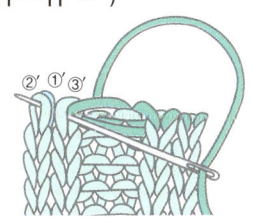 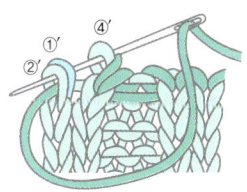

1 마지막 코(①')와 그 전의 코(②')의 순서를 바꿔 놓는다.

2 ③'고와 순서를 바꿔 놓은 마지막 코끼리 연결한다.

3 ④'의 안뜨기 코와 마지막 코를 연결한다.

# 8 잇기

## 메리야스 잇기 1

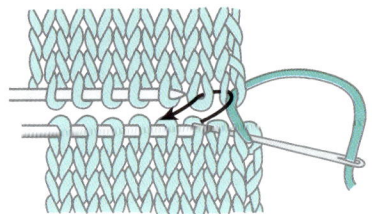
1 실이 달려 있는 첫 코를 안뜨기하듯이 빼 온다. 반대쪽 첫 코를 뒤에서 앞으로 바늘을 빼 온 다음 앞쪽의 ①, ②번 코를 연결한다.

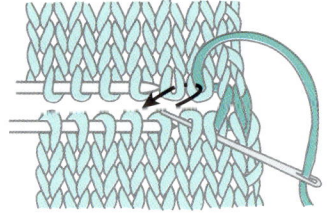
2 반대쪽 위쪽 2코를 연결하고 앞쪽 2코를 그림처럼 연결한다.

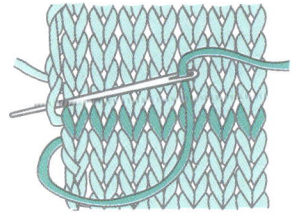
3 1, 2번 과정을 반복해서 연결하고 위쪽 마지막 반 코에 바늘을 넣는다.

## 메리야스 잇기 2

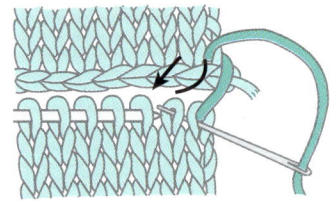
1 실이 달려 있는 쪽의 첫 코 뒤에서 안뜨기하듯 빼오고 위쪽의 반 코를 걸어온다.

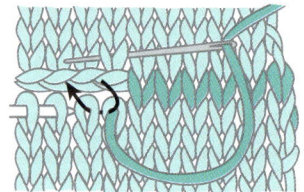
2 앞쪽의 2코를 화살표 방향으로 연결한다.

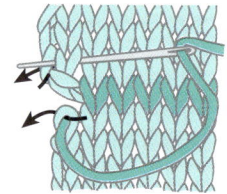
3 앞쪽의 마지막 반 코에 바늘을 넣고, 위쪽의 반 코에도 바늘을 넣어 마무리한다.

## 메리야스 잇기 2

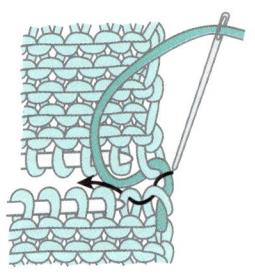
1 실이 달려 있는 앞쪽의 첫 코를 겉뜨기하듯 빼오고 위쪽의 첫 코에 뒤에서 앞으로 안뜨기하듯 빼온 뒤 앞쪽 첫 코의 뒤에서 앞으로 두 번째 코의 앞에서 뒤로 빼온다.

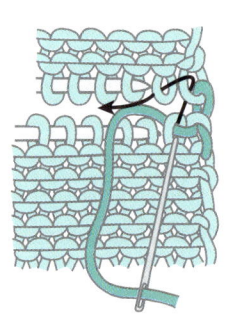
2 위쪽 첫 코 앞에서 뒤로 나와 두 번째 코의 뒤에서 앞으로 빼온다. 계속 반복한다.

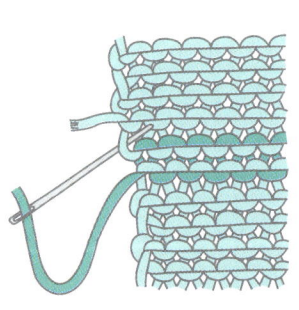
3 화살표 방향으로 연결하고 위쪽 마지막 반 코를 걸어온다.

### 1코 고무뜨기 잇기

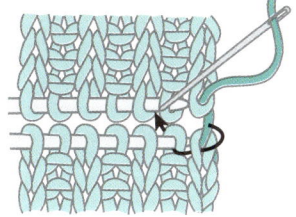 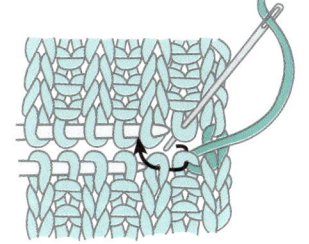 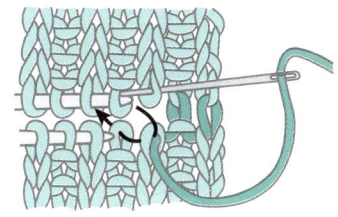

1 실이 달려 있는 앞쪽의 첫 코(겉뜨기 코)는 안뜨기하듯 빼오고 위쪽 첫 코는 겉뜨기하듯 빼온다.

2 앞쪽 두 번째 안뜨기 코는 겉뜨기하듯 빼오고 위쪽의 안뜨기 코를 뒤에서 앞으로 빼온다.

3 앞쪽 화살표 방향으로 연결한다.

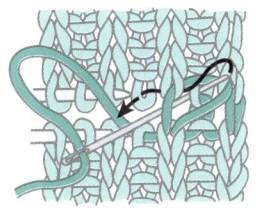 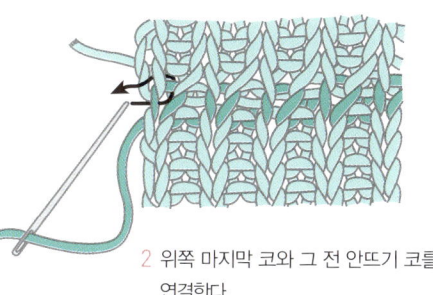

1 위쪽 안뜨기 코끼리 연결한다.

2 위쪽 마지막 코와 그 전 안뜨기 코를 연결한다

### 2코 고무뜨기 잇기

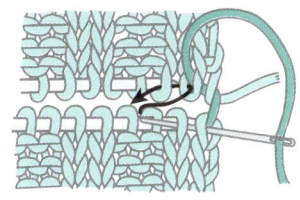 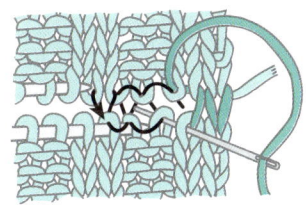 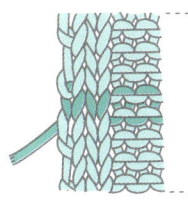

1 앞쪽 첫 코를 안뜨기하듯 실을 빼오고 위쪽 반 코끼리 한 코를 만들어 걸어온다. 다시 앞쪽의 첫째, 둘째 코끼리 연결한다.

2 화살표 방향으로 연결한다.

3 연결한 모습.

### 덮어씌워 잇기

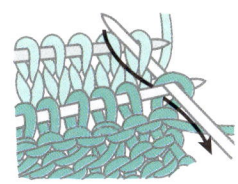 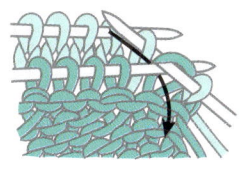 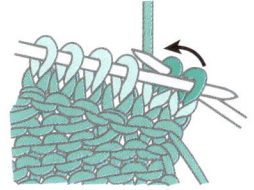 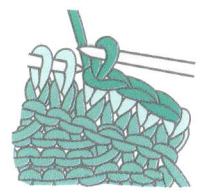

1 뒤쪽의 코를 앞쪽의 코 사이로 빼온다.

2 두 번째 코도 앞쪽 코 사이로 빼온다.

3 덮어씌운다.

4 2와 3번 과정을 반복한다.

### 가터뜨기 잇기

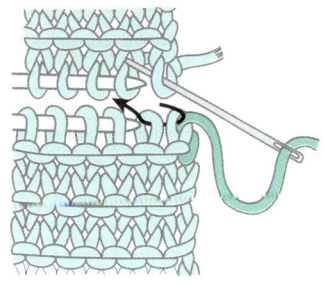 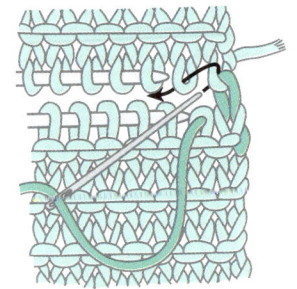 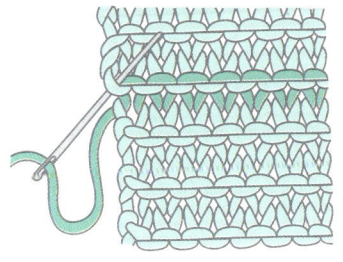

1 앞쪽 첫 코를 안뜨기하듯 뒤에서 앞으로 실을 빼오고 위쪽 첫 코도 안뜨기하듯 빼온다.

2 앞쪽 첫째 코 앞으로 들어가 둘째 코의 뒤에서 앞으로 빼온 다음 위쪽 2코를 화살표 방향으로 연결한다.

3 위쪽 마지막 반 코를 연결한다.

## 9 꿰매기

### 메리야스뜨기 꿰매기

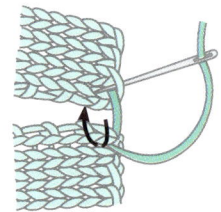 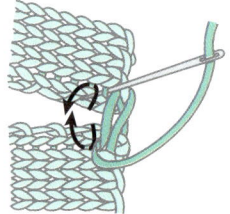 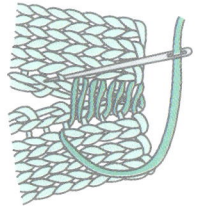

1 실이 달려 있지 않은 쪽의 끝 쪽을 걸어온다.

2 시접코 1코 안쪽의 가로줄을 단마다 연결한다.

3 실을 적당히 잡아당긴다.

### 안 메리야스뜨기 꿰매기

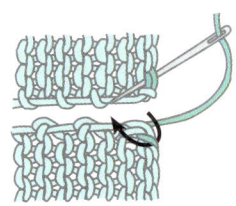 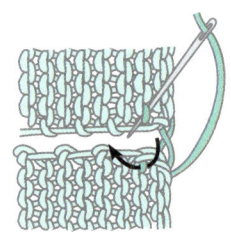 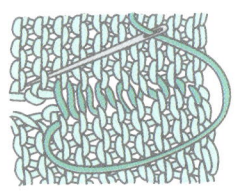

1 안쪽이 보이도록 놓은 후 위판의 1코 안쪽 맨 끝 코를 아래판의 첫 코 아래 볼록한 실과 연결한다.

2 위판과 아래판의 첫째 코와 둘째 코 사이의 아래로 볼록한 실을 함께 건다.

3 위와 아래를 번갈아 1코씩 걸면서 이음 실이 보이지 않을 정도로 잡아당긴다.

### 가터뜨기 꿰매기

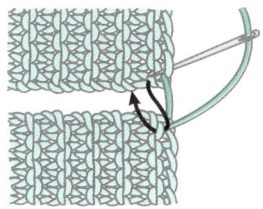 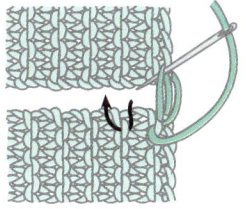 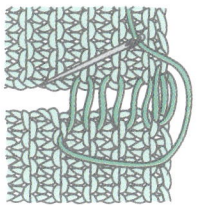

1 안쪽 판을 겉면이 보이도록 나란히 놓고, 첫째 코 안쪽의 실을 걸어서 잡아당긴다.

2 한쪽은 아래로 볼록한 실을, 반대편은 위로 볼록한 실을 걸어서 잡아당긴다.

3 2를 계속 반복하면서 이어나간다.

### 가터뜨기 꿰매기

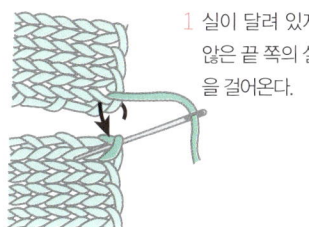 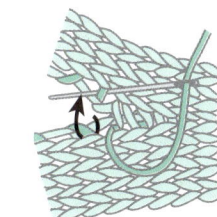

1 실이 달려 있지 않은 끝 쪽의 실을 걸어온다.

2 반 코와 반 코가 만나도록 단마다 연결한다.

### 1코 고무뜨기 꿰매기

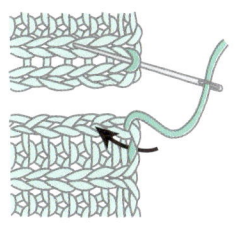 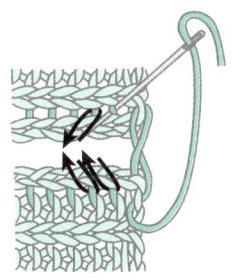 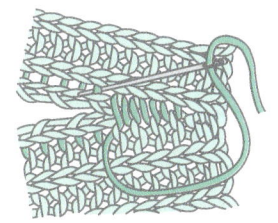

1 실이 달려 있지 않은 쪽을 걸어온다.

2 시접코 1코 안쪽의 가로줄을 단마다 걸어온다.

3 실을 잡아당긴다.

### 2코 고무뜨기 꿰매기

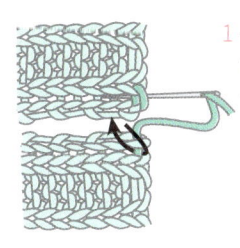 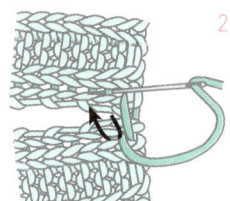

1 실이 달려 있지 않은 끝쪽을 걸어온다.

2 시접코 1코 안쪽의 가로줄을 단마다 연결한다.

## 10 목둘레의 코줍기

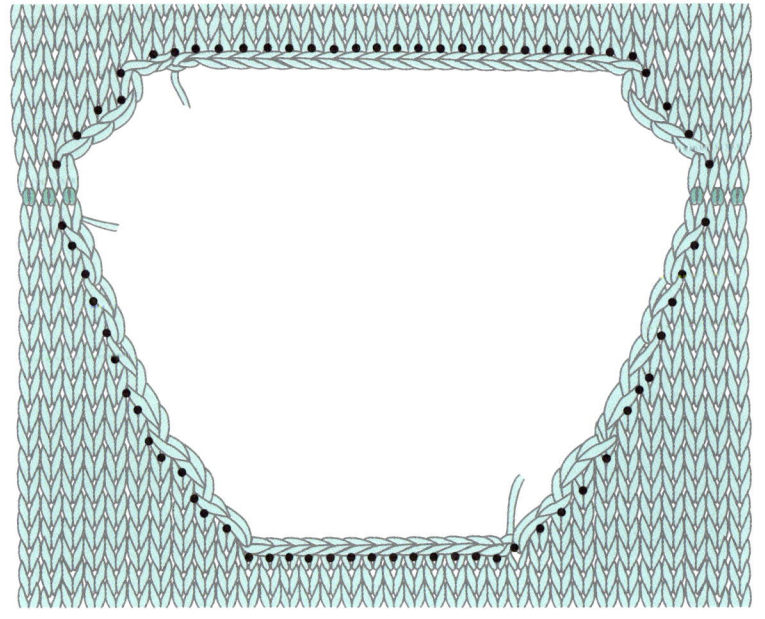

### ◎ 코줄임을 한 사선에서 코줍기

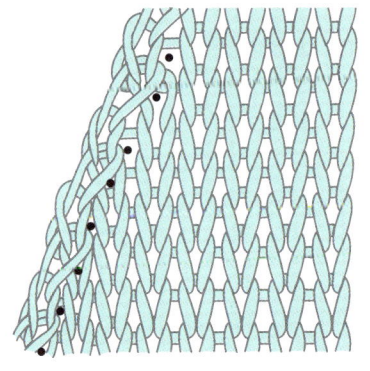

### ◎ 꼬아뜨기로 코늘림한 사선에서 코줍기

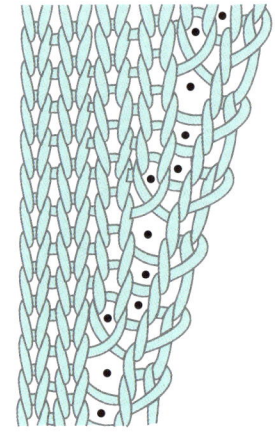

1 몸판의 겉면을 위로 놓고, 어깨를 이은 부분부터 코줍기를 시작한다.

2 1코 안쪽의 단 구멍마다 바늘을 넣어 실을 걸어 빼온다.

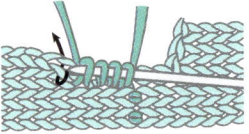

3 코줄임 부분에서는 아래쪽 코 중앙에 바늘을 넣고 코줍기한다.

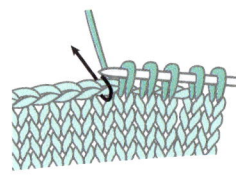

4 줄임이 없는 부분은 1코에 1코씩 코줍기한다.

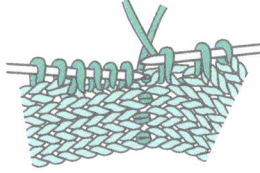

5 1단 코줍기가 된다. 좌우 곡선의 코줍기 수를 같게 하고, 전체 콧수를 센다.

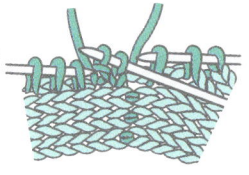

6 2단째부터 지정된 가장자리뜨기로 둥글게 뜬다.

### ◎ 목 라인에서 코줍기

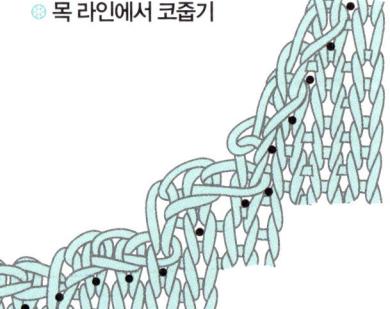

## BASIC·04
# 코바늘뜨기

###  기본코 만들기

**기본코 만들기**

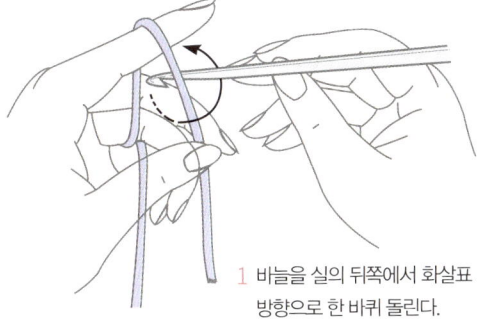 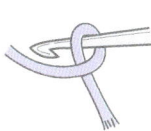 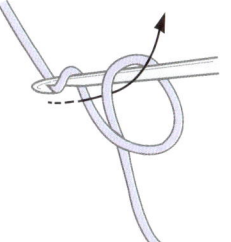 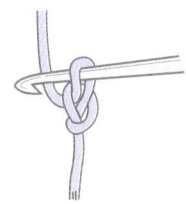

1 바늘을 실의 뒤쪽에서 화살표 방향으로 한 바퀴 돌린다.
2 실이 꼬인 모습.
3 바늘에 실을 걸어 화살표 방향처럼 고리 안으로 빼낸다.
3 첫 코가 만들어진 모습. 이 코는 뜨기 시작하는 코이므로 기본코의 수로 포함시키지 않는다.

**사슬뜨기 기본코 만들기**

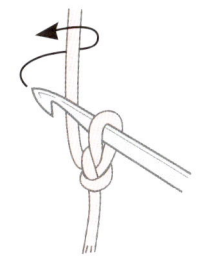 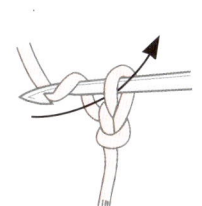 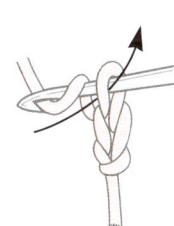 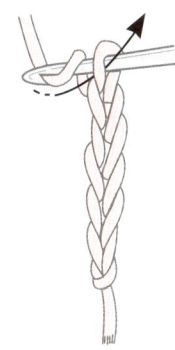

1 바늘에 기본코를 만든다.
2 바늘에 실을 건다.
3 화살표 방향대로 빼온다.
4 같은 방향으로 필요한 콧수대로 사슬뜨기한다.

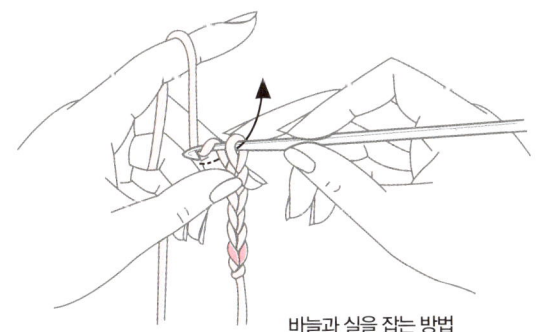 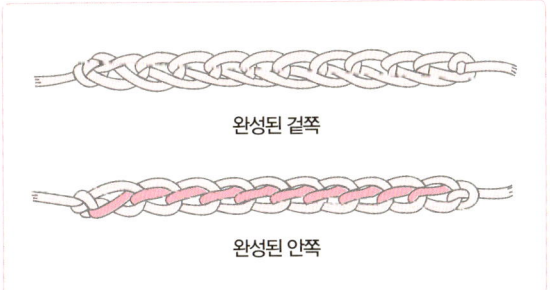

바늘과 실을 잡는 방법

완성된 겉쪽

완성된 안쪽

## 원형으로 기본코 만들기

가운데 중심에서 바깥쪽으로 둥글게 떠가는 모티브 등에 사용하는 둥근 기본코다.

### 방법 A

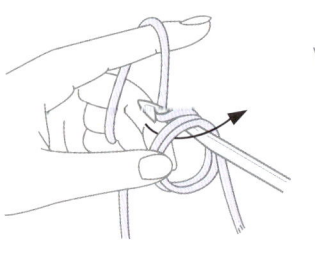

1 실을 손가락에 2번 감는다.
2 손가락에 감은 것을 그대로 빼내 그 고리 안에 코바늘을 넣고 실을 감아 고리 안으로 빼낸다.
3 다시 바늘에 실을 감아 화살표 방향으로 빼낸다.
3 완성한 모습.

### 방법 B

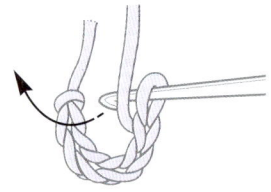
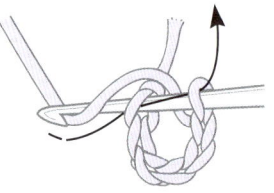
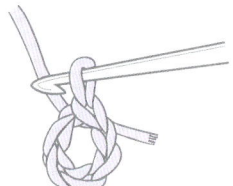

1 먼저 기본코를 잡은 다음 원하는 크기만큼 사슬코로 코를 잡는다.
2 사슬코의 첫 번째 코에 바늘을 집어넣는다.
3 바늘에 실을 걸어 그 사이로 빼낸다.

## 2 뜨기 기호와 뜨는 방법

 **사슬뜨기**

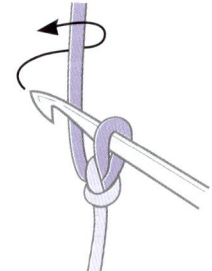
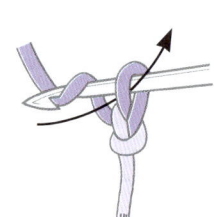
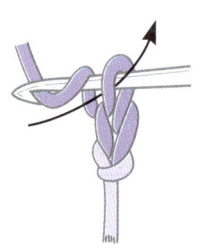
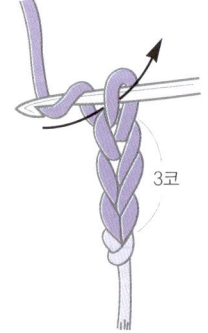

3코

1 바늘에 기본코를 만든다.
2 바늘에 실을 감는다.
3 화살표 방향으로 빼 온다.
4 사슬코 3코를 만든 모습.

 짧은뜨기

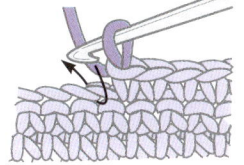 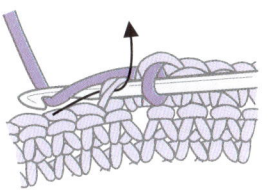 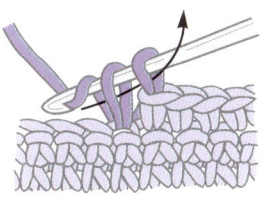 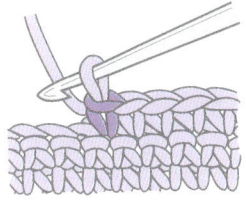

1 밑단 코머리에 바늘을 넣는다.
2 바늘에 실을 감아 빼온다.
3 다시 실을 걸어 화살표 방향대로 바늘에 걸려 있는 2코 사이로 빼온다.
4 짧은뜨기를 완성한 모습.

짧은뜨기

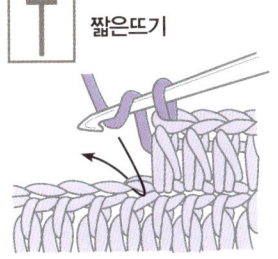 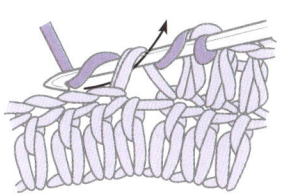 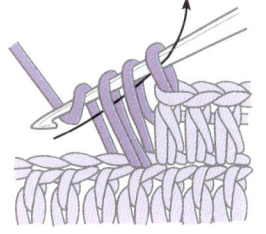 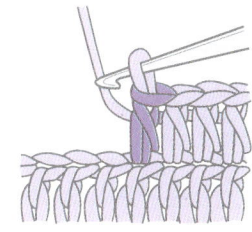

1 바늘에 실을 1번 감는다.
2 밑단 코에 바늘을 넣어 실을 감아 빼온다.
3 다시 실을 걸어 바늘에 걸려 있는 3코 사이로 모두 빼온다.
4 긴뜨기를 완성한 모습.

한길긴뜨기

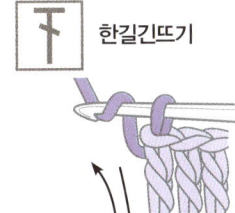 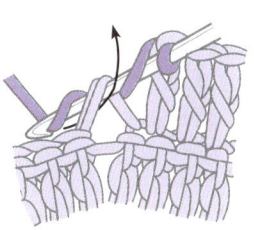 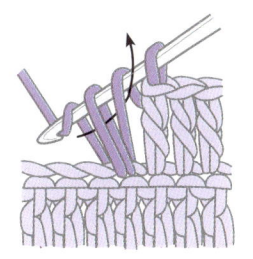 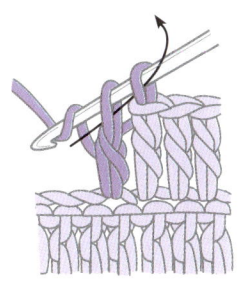

1 바늘에 실을 1번 감는다.
2 밑단 코에 바늘을 넣어 실을 감아 빼온다.
3 실을 감아 바늘에 걸려 있는 2코 사이로 빼온다.
4 다시 실을 감아 바늘에 남아 있는 2코 사이로 빼온다.

두길긴뜨기

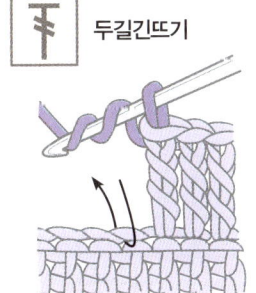 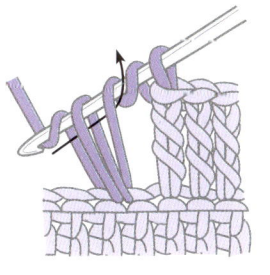 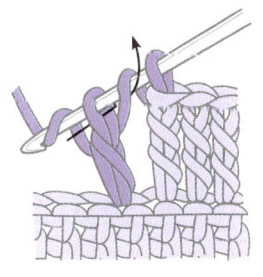 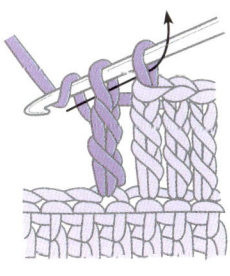

1 바늘에 실을 2번 감고 밑단 코에 바늘을 넣어 실을 감아 빼온다.
2 실을 감아 바늘의 2코만 빼온다.
3 다시 실을 감아 2코만 빼온다.
4 다시 실을 감아 나머지 2코를 빼온다.

**한길긴뜨기 3코 구슬뜨기**

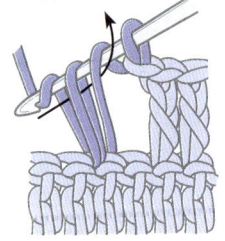 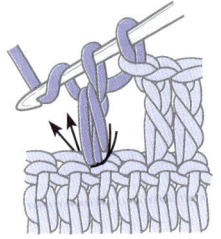 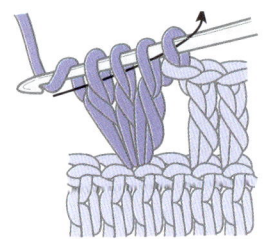 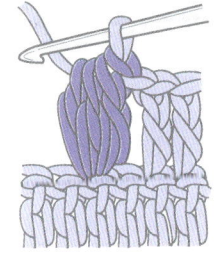

1 바늘에 실을 감고 밑단 코에 바늘을 넣어 실을 빼온 뒤 바늘의 2코 사이로 빼온다.

2 또 바늘에 실을 걸어 밑단의 같은 곳에 찔러 넣고 바늘의 2코만 빼온다.

3 같은 방법으로 3번 반복한다(미완성의 한길긴뜨기를 3번 한다).

4 실을 감아 한꺼번에 빼낸다.

  **되돌아 짧은뜨기**

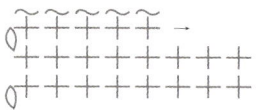

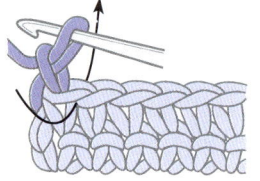 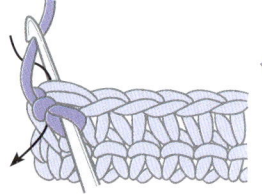 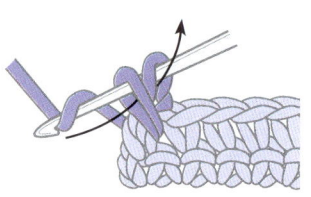

1 짧은뜨기와 반대로 왼쪽에서 오른쪽으로 떠간다.

2 바늘 끝을 돌려 뒤의 밑단 코에 넣어 실을 빼온다.

3 실을 감아 코 사이로 한꺼번에 빼온다.

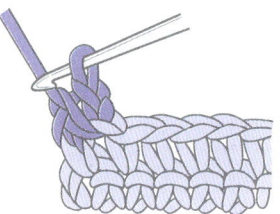 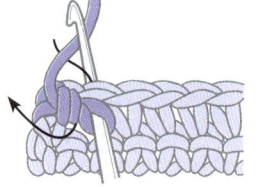 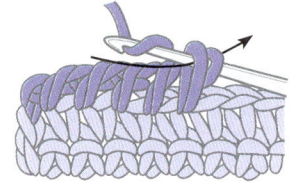

4 1코를 완성한 모습.

5 다시 다음 코에 바늘을 넣어 실을 끌어온다.

6 같은 방법으로 뜬다.

 **짧은뜨기 앞걸어뜨기**

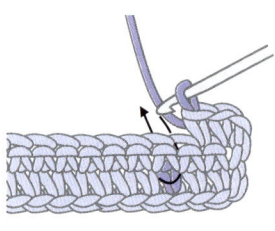 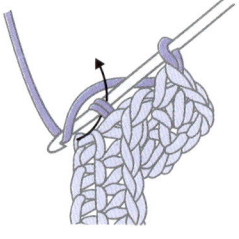 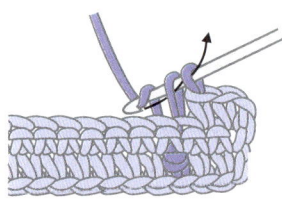 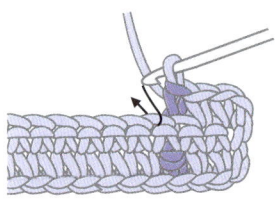

1 떠야 할 부분의 밑단 코에 바늘을 뒤에서 앞으로 넣고 다시 뒤로 나오게 빼낸다.

2 코바늘에 실을 걸어 끌고 온다.

3 바늘에 실을 감아 한꺼번에 빼낸다.

4 완성한 모습.

 **짧은뜨기 2코 늘리기**

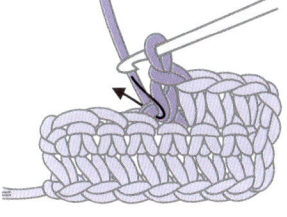 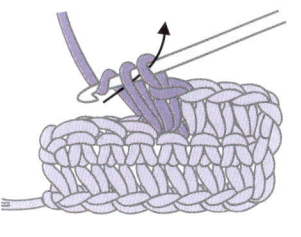 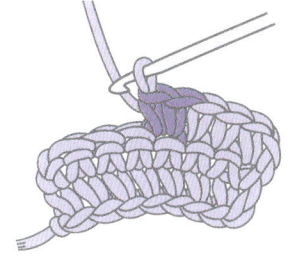

1 코바늘을 이용해 짧은뜨기를 한다.
2 같은 자리의 코에 바늘을 넣는다.
3 짧은뜨기로 다시 한 번 뜬다.
4 완성한 모습.

 **짧은뜨기 3코 늘리기**

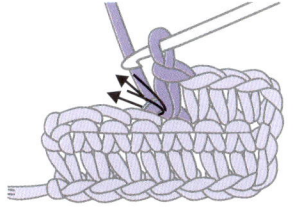 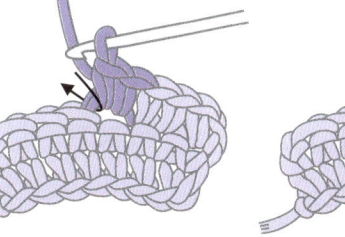 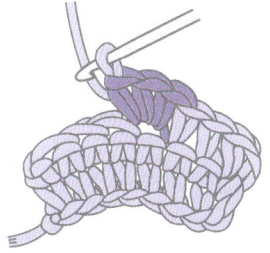

1 코바늘을 이용해 짧은뜨기를 한다.
2 같은 자리의 코에 2번 더 짧은뜨기를 한다.
3 같은 자리에 바늘을 넣는다.
4 같은 자리에 3번 더 짧은뜨기를 한다.

 **짧은뜨기 2코 모아뜨기**

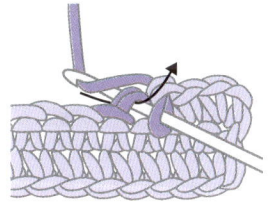 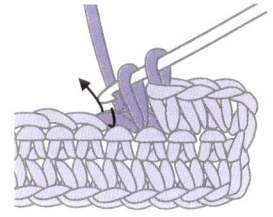 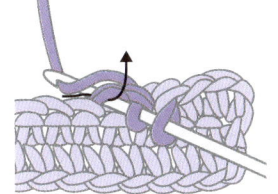 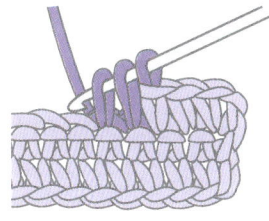

1 떠야 할 부분의 코에 바늘을 넣는다.
2 실을 바늘에 감아 끌어온다.
3 다음 코에 바늘을 넣는다.
4 실을 바늘에 감아 다시 끌어온다.

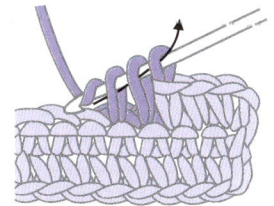 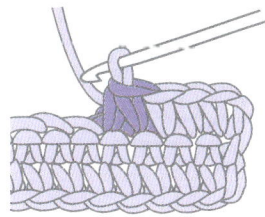

5 실을 바늘에 감아 한꺼번에 빼온다.
6 완성한 모습.

**짧은뜨기 3코 모아뜨기**

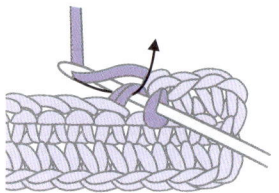

1 떠야 할 부분의 밑단 코에 바늘을 넣는다.

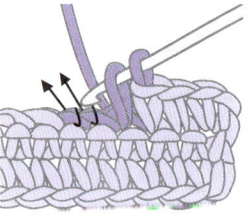

2 실을 바늘에 감아 끌어온다.

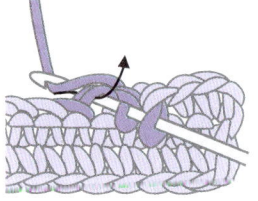

3 다음 코에 바늘을 넣어 실을 끌어온다.

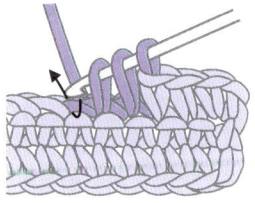

4 그다음 코에 바늘을 넣어 실을 끌어온다.

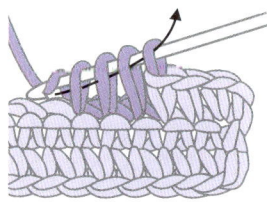

5 다시 코에 실을 감아 한꺼번에 빼낸다.

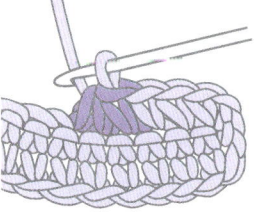

6 완성한 모습.

FOR BABIES

P. 12

## 방울방울 요정 모자
*Fairy Pompom Hat*

### ▶ READY

**완성치수** 17×18cm

**재료** 실 ⁞ 순모사 민트색 또는
　　　　　아이보리색 1볼씩(40g),
　　　　　겨자색, 파란색 실 약간씩
　　　바늘 ⁞ 4.5mm · 5mm 대바늘
　　　부재료 ⁞ 지름 2cm 단추 1개

**게이지** 15코×26단(10cm² 메리야스뜨기)

### ▶ HOW TO MAKE

1. 4.5mm 대바늘로 50코를 잡아 가터뜨기 6단을 뜬다.
2. 5mm 대바늘로 바꿔 메리야스뜨기 48단을 뜨는데, 양쪽 4코씩은 가터뜨기, 안쪽 2코씩은 메리야스뜨기, 다시 안쪽 2코씩은 가터뜨기한다.
3. 반으로 접어 메리야스 잇기를 한다.
4. 모자 끈은 한쪽 끝에서 5코를 주워 가터뜨기 40단을 뜨는데, 37단째 1코는 단춧구멍을 만든다.
5. 지름 4.5cm의 털 방울을 만들어 단다.

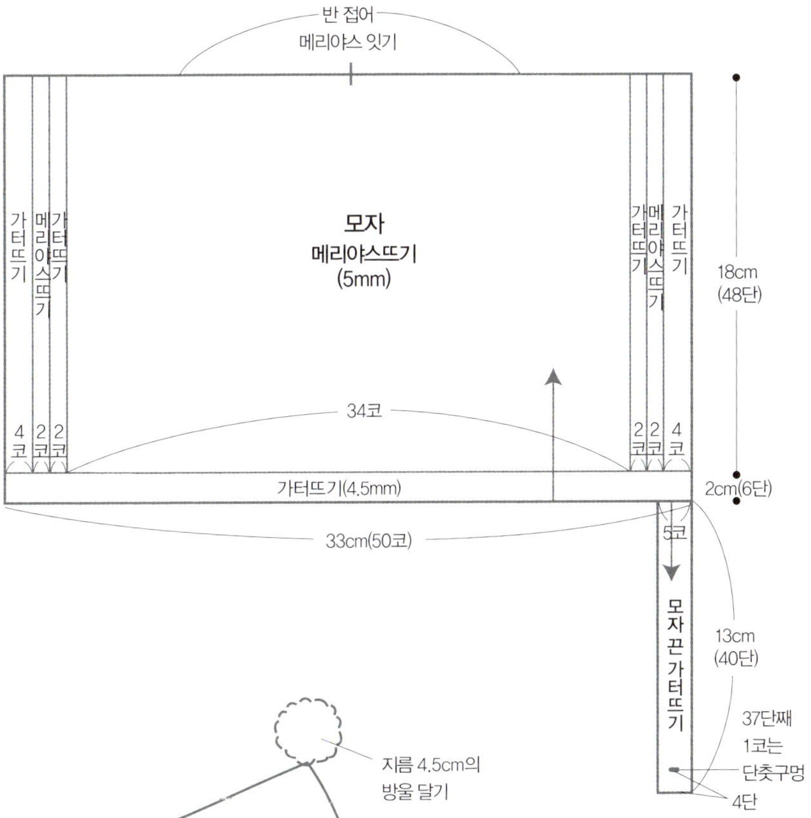

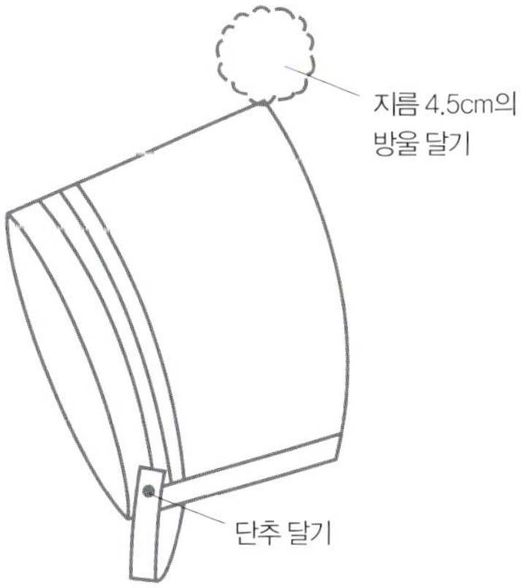

P. 13

## 파스텔 베이비 베스트
*Baby Pastel Vest*

### ▶ READY ◀

**완성치수** 가슴둘레 | 56cm
  어깨 너비 | 24cm   옷 길이 | 25cm

**재료**   실 | 오가닉 코튼사 연두색 2볼(50g),
      하늘색 1볼(25g),
      연분홍색 1볼(25g)
   바늘 | 3.5mm 대바늘
   부재료 | 지름 1cm 단추 3개

**게이지** 26코×46단(10cm² 가터뜨기)

### ▶ HOW TO MAKE ◀

❋ 뒤판 ❋

1. 3.5mm 대바늘로 72코를 잡아 가터뜨기 66단을 뜬다.
2. 진동 줄임은 양쪽에서 5코씩 줄이는데, 1단째 1코 1번, 2단째 1코 4번 줄임하고 41단을 증감 없이 뜬다.
3. 뒷목 파임은 오른쪽 어깨코 18코만 2단을 뜨고 나서, 어깨핀이나 다른 바늘에 옮기고 실을 자른다.
4. 새로 실을 걸어 26코를 코막음하고 왼쪽 18코를 2단 뜬다.

❋ 앞판 ❋

1. 3.5mm 대바늘로 40코를 잡아 가터뜨기 14단을 뜬다.
2. 주머니 모양에 해당하는 20코만 메리야스뜨기로 뜨고, 나머지는 가터뜨기로 20단을 뜬다.
3. 다시 가터뜨기 12단을 더 뜨고(총 46단) 나서 앞섶에서 4코 떨어진 곳에 첫 번째 단춧구멍을 만든다. 이후 22단마다 총 3개의 단춧구멍을 만든다(착용시 오른쪽 앞판).
4. 진동 줄임은 뒤판과 동일하게 하며 30단을 뜬다.
5. 앞목 파임은 1단째 11코 1번, 2단째 1코 6번 줄임하고 5단을 증감 없이 더 뜬다.
6. 오른쪽 앞판과 대칭되게 왼쪽 앞판을 뜬다.

❋ 마무리 ❋

1. 앞뒤 판을 겉면끼리 마주대고 덮어씌우기로 어깨를 잇는다.
2. 옆선을 겉면에서 돗바늘로 꿰맨다.
3. 단추를 단다.

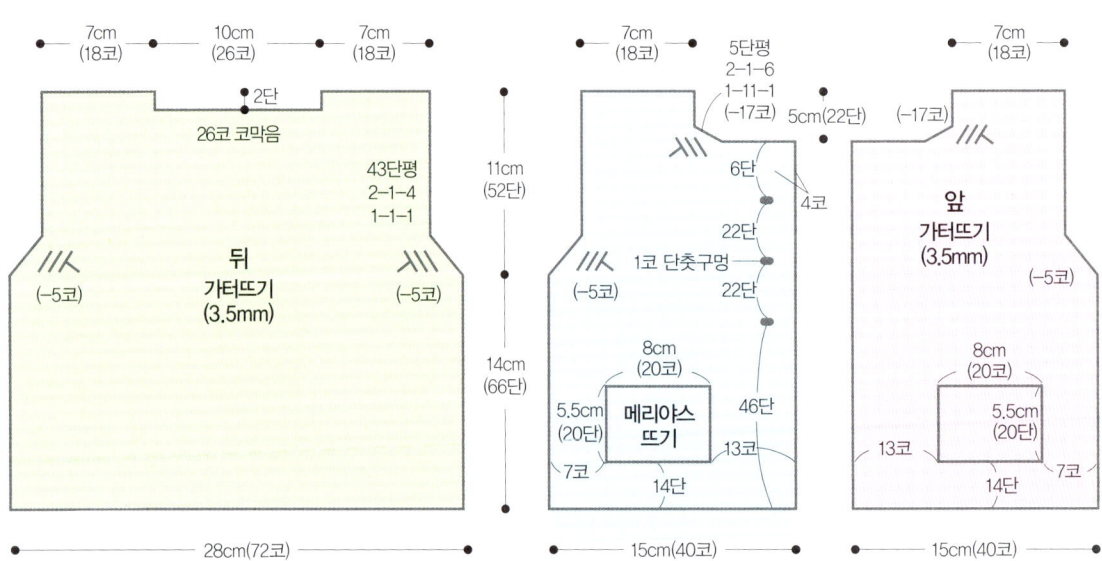

P. 14

꼬마 양
베이비 슈트 & 덧신

Lamb Baby
Suit & Overshoes

▶ READY

**완성치수** 가슴둘레 | 58cm  옷 길이 | 41cm  덧신 길이 | 10cm

**재료** 실 | 오가닉 코튼사 아이보리색 7볼(175g), 루프사(뽀글이 실) 아이보리색 20g, 갈색 실 약간, 흰색과 빨간색 수실 약간
바늘 | 3mm · 3.5mm · 6mm 대바늘, 코바늘 0호 · 4/0호
부재료 | 지름 1cm 단추 5개, 양 눈용 검정 비즈 3쌍

**게이지** 25코 × 44단(10cm² 가터뜨기)

▶ HOW TO MAKE

❋ 뒤판 ❋

1. 3.5mm 대바늘로 24코를 잡아 가터뜨기 14단을 뜬다.
2. 양쪽으로 24코를 늘려가며 24단을 뜨는데, 3단째 1코 1번, 1단째 1코 14번, 2단째 2코 1번, 2단째 3코 1번, 2단째 4코 1번을 늘린다.
3. 가터뜨기로 82단을 뜨고 메리야스뜨기로 8단을 더 뜬다.
4. 양쪽으로 5코씩 코막음한다. 이때 4코 간격으로 1코씩 구멍무늬를 만든다.
5. 진동 줄임은 양쪽으로 15코씩 줄이는데 1단째 1코 1번, 2단째 1코를 14번 줄임하고 1단을 더 뜬다(총 30단). 이때 양쪽 끝의 6코씩 가터뜨기로 뜬다.
6. 남은 32코를 가터뜨기로 8단 뜨고 양쪽 끝의 6코씩은 어깨끈에 해당하는 78단을 뜬다.

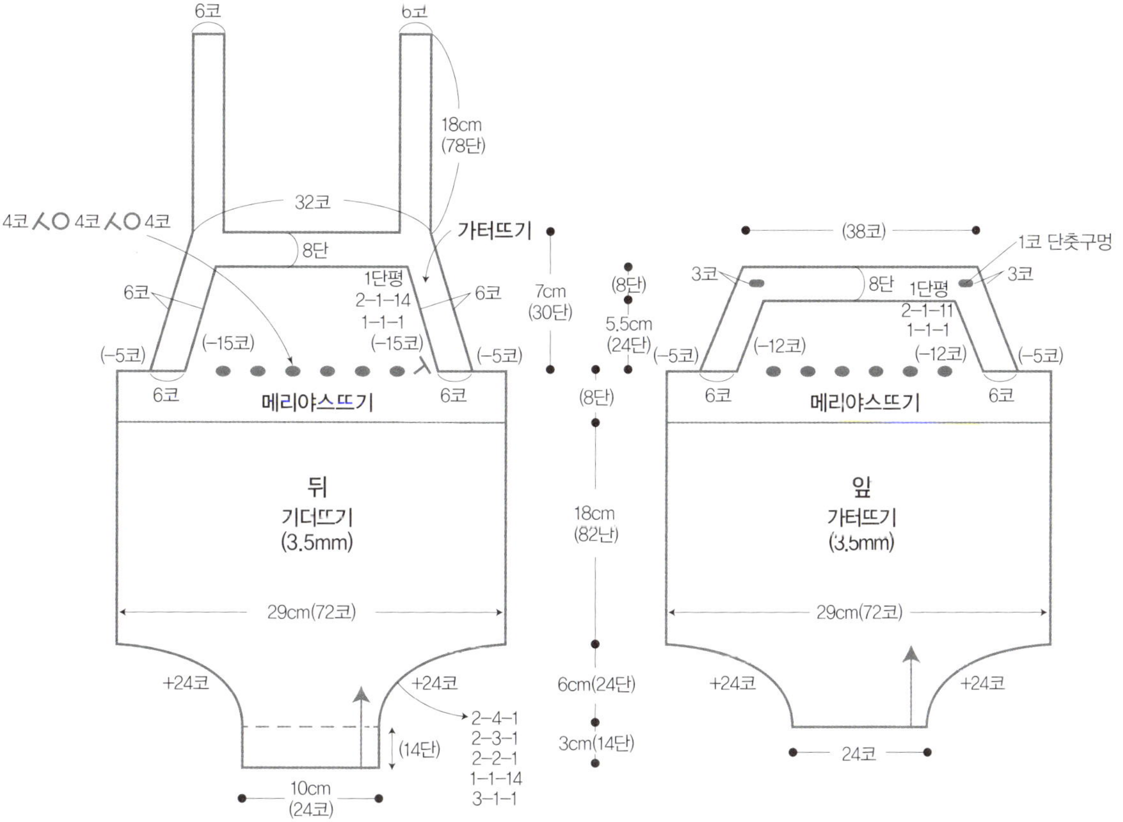

❄ **앞판** ❄

1. 뒤판 뜨는 법의 2~4까지 동일하게 뜬다.
2. 양쪽에서 1단째 1코를 1번, 2단째 1코를 11번 줄이고 1단을 뜬다. 이때 양쪽 끝의 6코씩은 가터뜨기로 뜬다.
3. 남은 38코를 가터뜨기로 8단을 뜨는데, 5단째 양쪽 3코 안쪽으로 1코 단춧구멍을 만든다.

❄ **마무리** ❄

1. 앞뒤 판의 옆선을 돗바늘로 꿰맨다.
2. 다리 양쪽의 가랑이 부분은 3mm 대바늘로 앞쪽에서 30코, 뒤쪽에서 35코씩 주워 겉뜨기 1단을 뜬 다음 1코 고무뜨기 6단을 뜨고 돗바늘로 마무리한다.
3. 앞쪽 밑단은 코를 주워 1코 고무뜨기 8단을 뜨고 돗바늘 마무리한다.
4. 뒤쪽 밑단은 코를 주워 1코 고무뜨기 8단을 뜨는데, 5단째 양쪽으로 4코 안쪽에 1코 단춧구멍을 만들고 가운데 단춧구멍을 1개 더 만든다. 돗바늘로 마무리한다.

❄ **양 인형 만들기** ❄

1. **양 몸통(뽀글이 실)** 뽀글이 실을 사용해 6mm 대바늘로 8코를 잡아 양쪽으로 3코씩 늘려가며 6단을 뜬다. 그 위로 4단을 더 뜬 다음, 반대로 양쪽에 3코씩 줄여가며 6단을 더 뜨고 코막음한다.
2. **얼굴(갈색 실)** 코바늘 4호로 원을 만드는데, 짧은뜨기 7코로 시작해서 원통으로 7코씩 늘려가며 4단을 뜬다(총 28코).
3. **귀** 도안에 표기한 기호대로 오른쪽 귀, 왼쪽 귀를 각각 1장씩 뜬다.
4. **흰색 눈동자(흰색 수실)** 0호 코바늘을 사용해 원으로 5코를 잡아 오므린다.
5. **혓바닥(빨간색 수실)** 0호 코바늘을 사용해 사슬코 6코를 잡고 빼뜨기하여 원을 만든다.

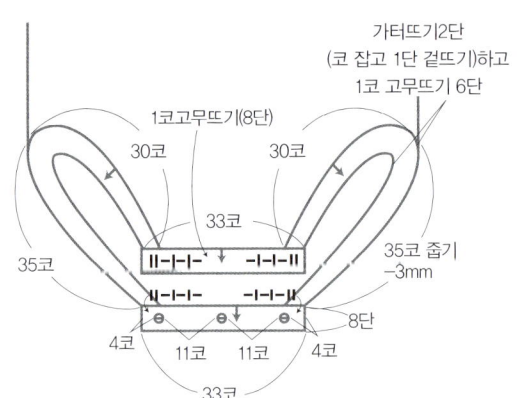

❄ **양 몸통**(뽀글이 실)

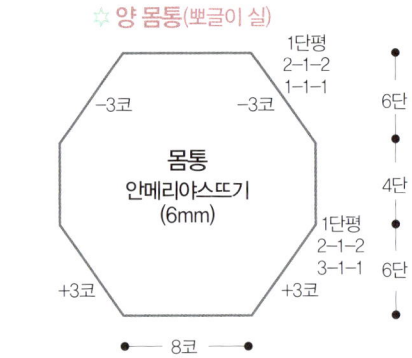

❄ **얼굴**(갈색 실) - 코바늘 4/0호

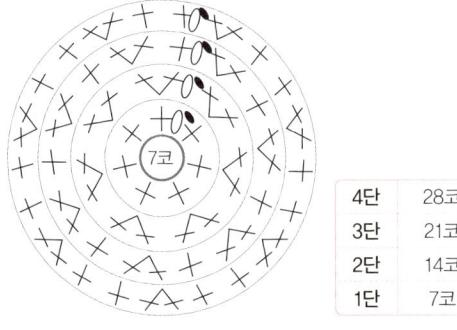

| 4단 | 28코 |
| --- | --- |
| 3단 | 21코 |
| 2단 | 14코 |
| 1단 | 7코 |

❄ **귀**(2장)

왼쪽 귀(1장)   오른쪽 귀(1장)

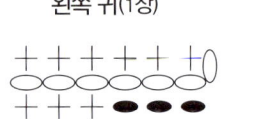
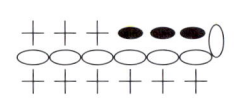

❄ **흰색 눈동자**(2장·흰색 수실)
— 코바늘 0/0호

❄ **혓바닥**(빨간색 수실)
— 코바늘 0/0호

6 **꽁지머리 1장, 발 2장(뽀글이 실)** 4호 코바늘로 원을 만드는데 3코를 짧은뜨기해서 오므린다.

7 **다리(갈색 실)** 4호 코바늘로 사슬코 6코를 뜨고 한쪽 끝에 뽀글이 실로 떠놓은 발을 단다.

8 베이비 슈트의 위치에 맞게 양 인형을 꿰맨다.

## 덧신 만들기

1 3mm 대바늘로 22코를 잡아 가터뜨기 8단을 뜨는데 양쪽에서 3단째 1코를 1번, 2단째 1코를 2번 늘리고 1단 뜬다. 이어서 10단을 더 뜬다.

2 다시 양쪽 끝에서 3단째 1코를 1번, 2단째 1코를 2번 줄이고 1단을 떠 바닥을 완성한다.

3 발등은 도안과 같이 발꿈치 쪽에선 감아코로 7코 늘리고 앞쪽에선 3코 늘리며 16단을 뜬다.

4 16단째 13코를 코막음하고 발등 19코만 10단을 뜬다.

5 21단째 다시 13코를 감아코로 늘리고 대칭으로 16단을 뜬 후 남은 29코는 코막음한다.

6 뒤꿈치의 ★끼리 맞대어 먼저 꿰매고 발바닥 부분과 발등의 테두리 부분을 돗바늘로 꿰맨다.

7 양 인형 얼굴을 떠서 발등 위에 꿰매준다.

꽁지머리, 발(뽀글이 실)
− 코바늘 4/0호

검정 비즈 구슬 달기

갈색 실로 사슬코 6코

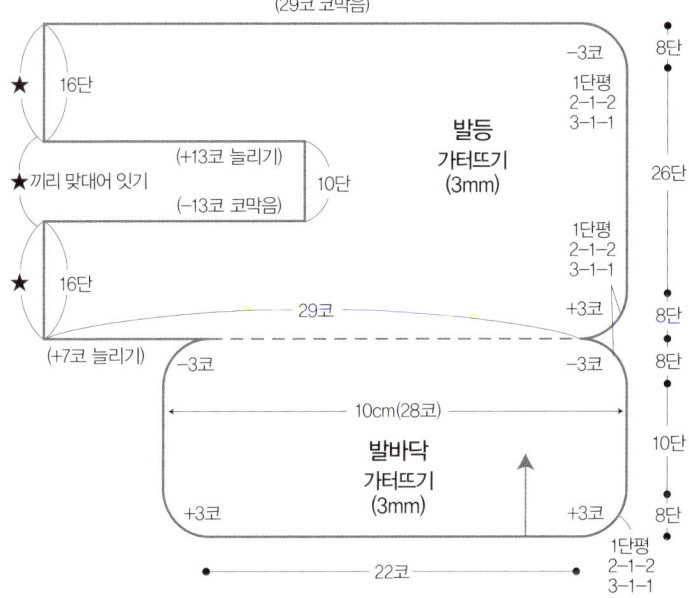

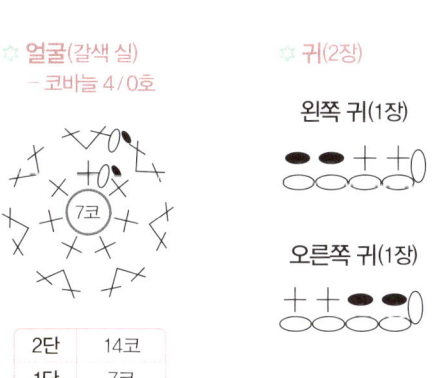

얼굴(갈색 실)
− 코바늘 4/0호

| 2단 | 14코 |
|---|---|
| 1단 | 7코 |

귀(2장)

왼쪽 귀(1장)

오른쪽 귀(1장)

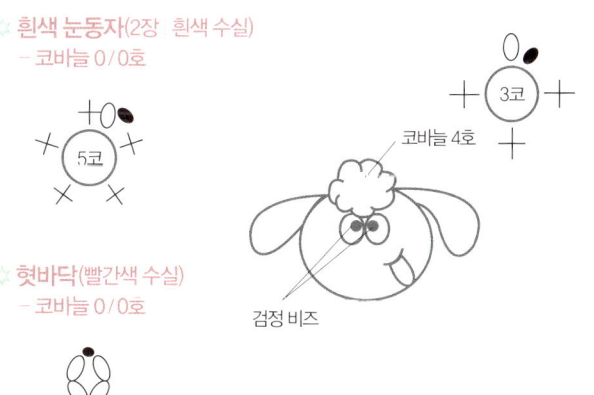

흰색 눈동자(2장  흰색 수실)
− 코바늘 0/0호

혓바닥(빨간색 수실)
− 코바늘 0/0호

코바늘 4호

검정 비즈

P. 15

### ▶ READY ◀

**완성치수** 가슴둘레 62cm ㅣ 소매 길이 24cm ㅣ 옷 길이 32cm

**재료** 실 ㅣ 야크사 다크 민트색 6볼(300g)
 바늘 ㅣ 3.5mm · 4mm 대바늘
 부재료 ㅣ 지름 2cm 단추 8개

**게이지** 21코×30단(10cm² 가터뜨기)

### ▶ HOW TO MAKE ◀

 뒤판

1. 3.5mm 대바늘로 66코를 잡아 가터뜨기 4단을 뜬다.
2. 이어서 멍석뜨기로 52단을 더 뜬다
3. 진동 줄임은 양쪽에서 5코씩 코막음하고 40단까지 뜬다.
4. 뒷목 파임은 오른쪽 어깨코 15코만 왕복으로 2단 뜨고 어깨편에 옮겨놓는다.
 실을 30cm가량 남기고 자른다.
5. 새로 실을 걸어 가운데 26코를 코막음하고 왼쪽 어깨를 오른쪽과 대칭으로 뜬다.

## 시크 베이비 카디건&모자
*Chic Baby Cardigan & Hat*

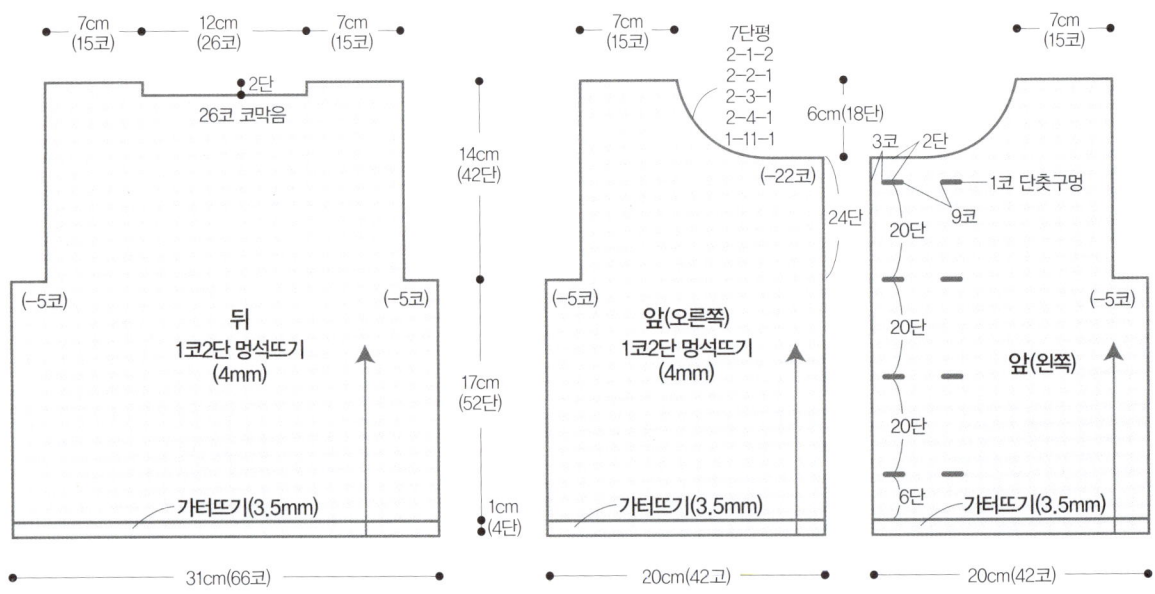

❄ **앞판** ❄

1. 3.5mm 대바늘로 42코를 잡아 가터뜨기 4단을 뜬다.
2. 이어서 메리야스뜨기로 52단을 더 뜬다.
3. 진동 줄임은 뒤판과 동일한 방법으로 하며 24단까지 뜬다.
4. 앞목 파임은 1단째 11코를 1번, 2단째 4코를 1번, 2단째 3코를 1번, 2단째 2코를 1번, 2단째 1코를 2번 줄이고 7단을 뜬다.
5. 왼쪽 앞판은 밑에서 6단 떨어진 곳에 첫 번째 단춧구멍을 만드는데, 앞섶 라인에서 3코 떨어진 곳과 13코 떨어진 곳에 두 번째 단춧구멍을 20단 간격마다 총 8개 만든다.

❄ **소매** ❄

1. 몸판의 겉과 겉을 마주대고 덮어씌우기로 어깨를 잇는다.
2. 4mm 대바늘로 앞뒤 진동에서 각각 28코씩 총 56코를 주워 멍석뜨기 70단을 뜨는데, 7단째 1코를 1번, 6단째 1코를 4번, 8단째 1코를 4번 줄이고 7단을 뜬다.
3. 3.5mm 대바늘로 바꿔 가터뜨기 4단을 뜬 다음 코막음한다.

❄ **마무리** ❄

1. 앞뒤 몸판의 옆선과 소매의 옆선을 돗바늘로 꿰맨다.
2. 3.5mm 대바늘로 앞목 둘레에서 27코씩, 뒷목에서 28코를 주워 가터뜨기 6단을 뜨고 코막음한다.
3. 단춧구멍 위치에 맞게 단추를 단다.

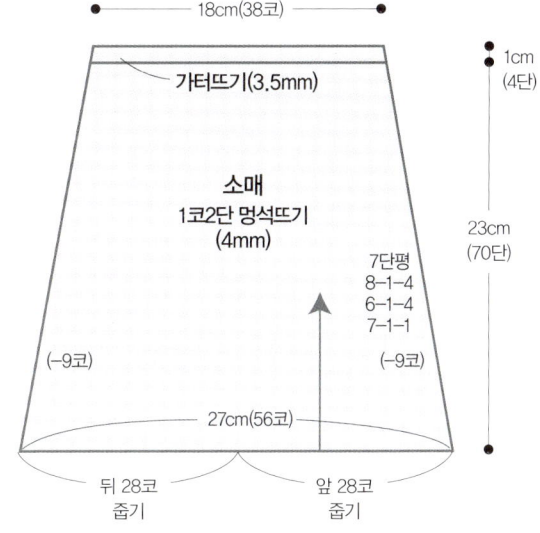

❄ **1코2단 멍석뜨기**

❄ **마무리하기**

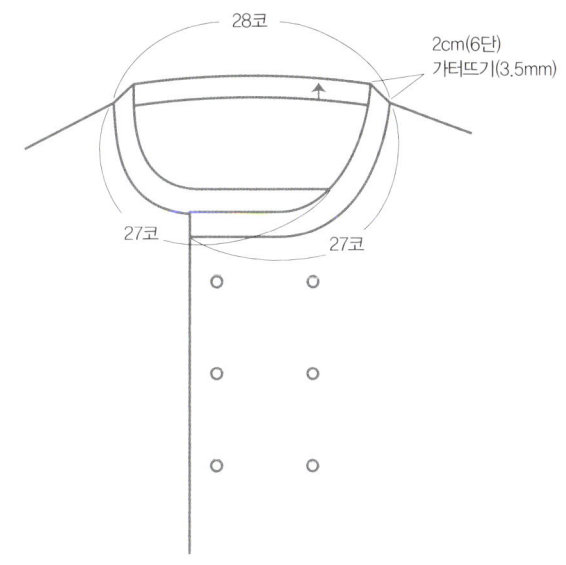

## ❄ 모자 ❄

1. **A(정수리 부분)** 4mm 대바늘로 14코를 잡아 가터뜨기 104단을 뜨는데, 양쪽으로 5단째 1코를 1번, 6단째 1코를 4번 늘리고 75단을 더 뜨고 코막음한다.
2. **B(모자 양 옆면)** 떠놓은 A조각 옆면의 표시된 곳(★와 ⊙)에서 각각 26코씩, 총 52코를 줍는다. 가터뜨기 50단을 뜨는데 가운데 중심 2곳에서 2단마다 1코씩 25번 코 줄임 한다. 남은 2코는 코막음한다. 같은 방법으로 반대편 조각도 뜬다.
3. **C(모자 챙 부분)** 3.5mm 대바늘로 B의 34단에서 각각 17코씩, A에서 23코 총 57코를 주워 메리야스뜨기 12단을 뜨는데, 양옆에서 3단에 1코씩 1번, 1단에 1코씩 9번 줄임 하고 반대로 다시 10코를 늘리며 12단을 뜬다. 안으로 반 접어 넣고 코를 주웠던 시접 라인에 꿰맨다.
4. **D(모자 밑단)** 3.5mm 대바늘로 모자 밑 부분에서 71코를 주워 1코 고무뜨기 6단을 뜨고 돗바늘 마무리한다.
5. **E(끈)** 3.5mm 대바늘로 한쪽 끝에서 9코를 주워 1코 고무뜨기 40단을 뜬 다음 중간에 1코 단춧구멍을 만들고 4단을 더 떠서 마무리한다.

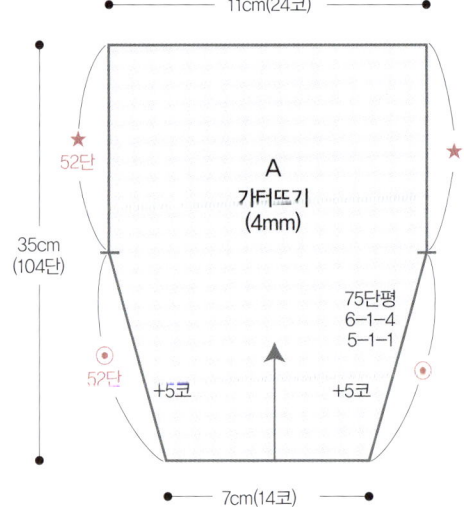

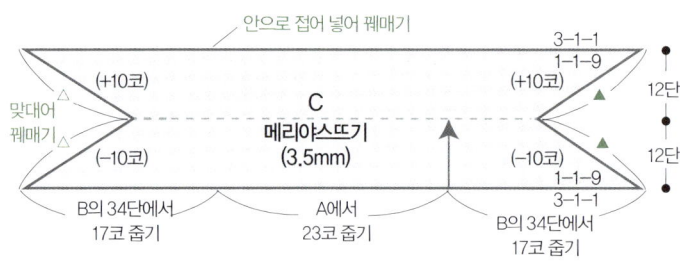

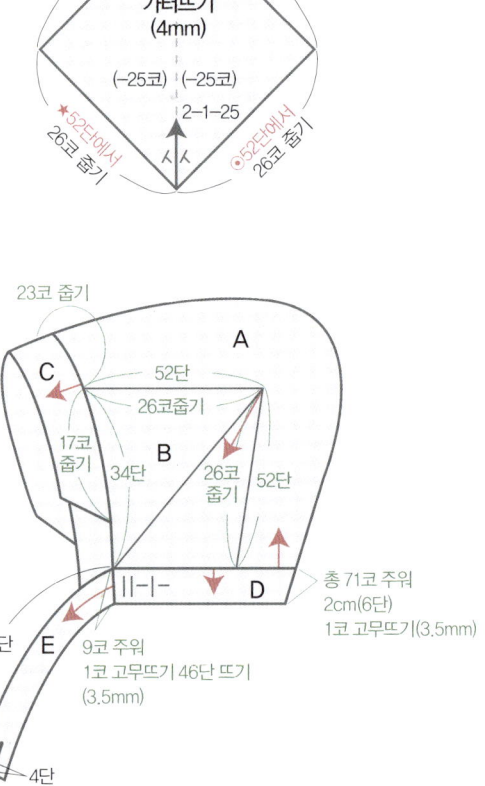

P.16

### HOW TO MAKE

1. 3mm 짧은 둘레바늘로 120코를 잡아 원형으로 가터뜨기 4단을 뜬다.
   ◎ 원형으로 가터뜨기를 뜰 때는 1단은 겉뜨기, 그다음 단은 안뜨기, 또 1단은 겉뜨기, 또 그다음 단은 안뜨기하듯 메리야스뜨기로 떠야 가터뜨기 모양이 나온다.
2. 이어서 무늬뜨기 18단을 뜬다.
3. 12코를 분산 줄임하여 108코로 만들고 가터뜨기 4단을 뜬 다음 남은 108코는 느슨하게 코막음한다.

## 프린스 니트 왕관
*Prince Knit Crown*

### READY

**완성치수** 머리둘레 43cm

**재료** 실 ː 메리노 울사 다크 민트색 1볼(40g)
　　　바늘 ː 3mm 둘레바늘(40cm 짧은 바늘)

**게이지** 28코×33단(10cm² 무늬뜨기)

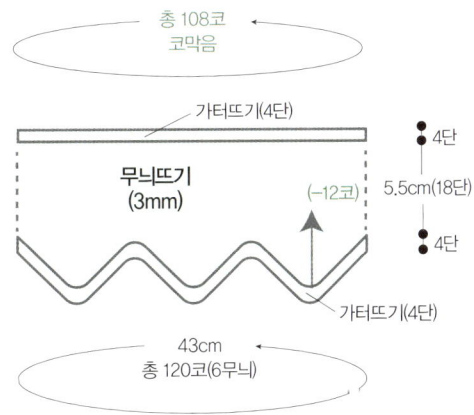

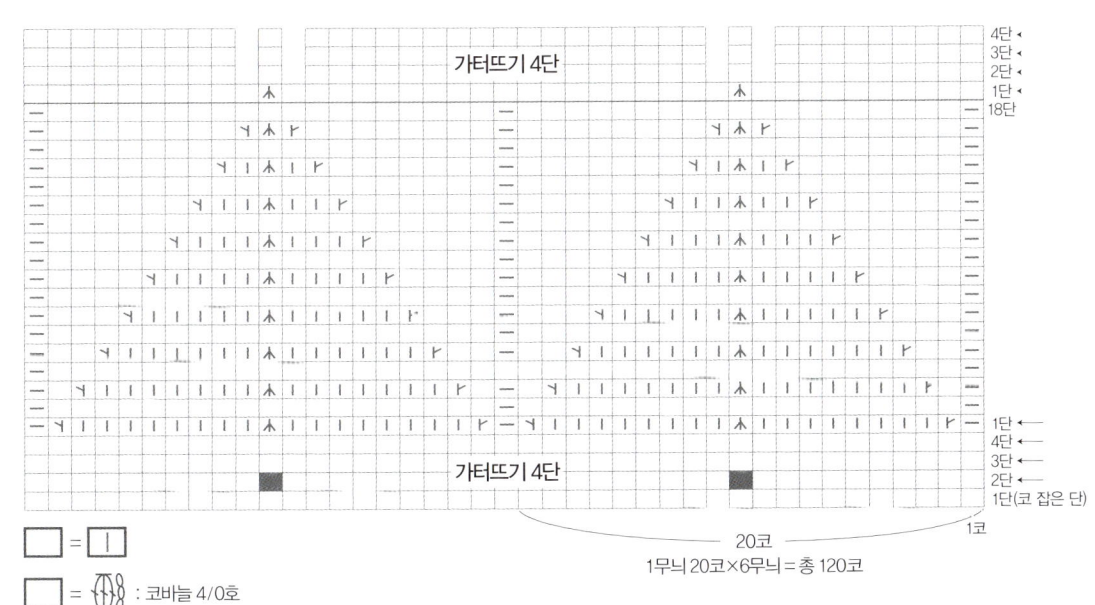

P.17

## 퓨어 튜튜 원피스
*Pure Tutu Dress*

### READY

**완성치수** 가슴둘레│48cm 어깨 너비│17cm
옷 길이│37cm 소매 길이│9cm

**재료** 실│베이비 코튼사 흰색 3볼(120g)
바늘│3.5mm·4mm 대바늘,
코바늘 4/0호
부재료│지름 1cm 작은 단추 1개,
화이트 망사 천 2마

**게이지** 23코×31단(10cm² 메리야스뜨기)

### ▶ HOW TO MAKE

❋ 뒤판 ❋

1. 3.5mm 대바늘로 56코를 잡아 가터뜨기 4단을 뜬다.
2. 4mm 대바늘로 바꿔 메리야스뜨기 16단을 뜬다.
3. 진동 줄임은 양쪽에서 1단째 3코를 1번, 2단째 2코를 1번, 2단째 1코를 2번, 4단째 1코를 1번 줄이고 9단을 증감 없이 더 뜬다.
4. 입고 벗기 편하도록 뒷목 라인을 갈라 뜨는데, 오른쪽 20코만 12단을 뜨고 뒷목 파임 13코를 코막음한 다음 남은 7코는 2단을 뜬다.
5. 새로 실을 걸어 가운데 남아 있는 20코를 12단 뜨고 오른쪽과 대칭으로 2단은 뒷목 파임을 한다.

❋ 앞판 ❋

1. 3.5mm 대바늘로 64코를 잡아 가터뜨기 4단을 뜬다.
2. 4mm 대바늘로 바꿔 가운데 44코는 무늬뜨기로, 양쪽 10코씩은 메리야스뜨기로 16단을 뜬다.
3. 진동 줄임은 뒤판과 동일한 방법으로 하며 18단을 뜬다.
4. 왼쪽 앞목 파임은 18코를 뜨고 되돌려 2단째 4코를 1번, 2단째 3코를 1번, 2단째 2코를 1번, 2단째 1코를 2번 줄이고 6단을 뜬다.
5. 새로 실을 걸어 12코를 코막음하고 오른쪽 앞목 파임은 왼쪽과 동일한 방법으로 한다.

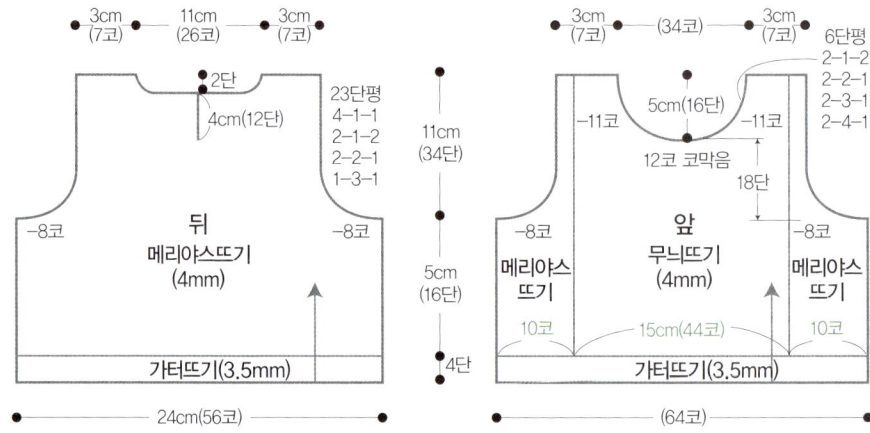

❄ **소매** ❄

1. 3.5mm 대바늘로 48코를 잡아 가터뜨기 2단을 뜬다.
2. 4mm 대바늘로 바꾸어 메리야스 뜨기 4단을 뜨는데, 양옆에서 3단째 1코를 1번 늘리고 1단을 뜬다.
3. 소매 곡선은 양끝에서 1단째 3코를 1번, 2단째 2코를 2번, 2단째 1코를 6번, 2단째 2코를 2번, 2단째 3코를 1번 줄이고 1단을 뜬다. 남은 10코는 코막음한다.

❄ **마무리** ❄

1. 앞뒤 몸판의 겉과 겉을 마주대고 덮어씌우기로 어깨를 잇는다.
2. 앞뒤 몸판과 소매의 옆선은 돗바늘로 꿰맨다.
3. 몸판의 진동 둘레와 소매의 곡선을 겉끼리 마주대고 빼뜨기로 잇는다.
4. 3.5mm 대바늘로 뒷목 중심부터 코를 줍는데, 뒷목에서 각각 14코씩, 앞목 둘레에서 48코를 주워 가터뜨기 4단을 뜨고 코막음한다.
5. 뒷목 중심에 코바늘 4호를 사용해 사슬코 6코를 만들고 반 접어 꿰맨다(단추 고리). 반대편에 작은 단추를 단다.
6. 망사 천 2마를 23cm 폭으로 길게 잘라 위쪽 한 면을 홈질해서 셔링을 잡는다. 몸판에 시침핀으로 중간 중간 고정한 다음 반박음질로 꿰맨다.

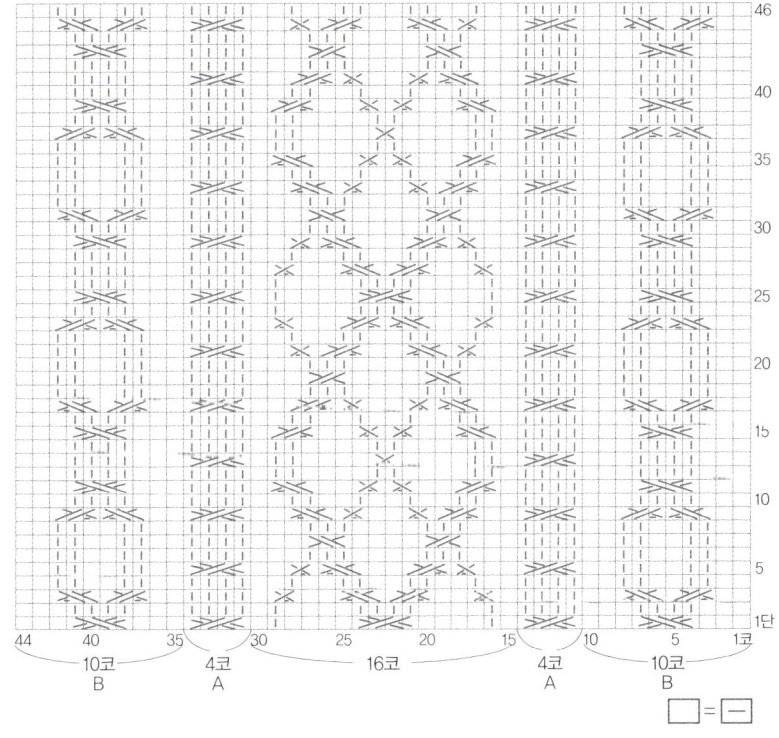

❄ **무늬뜨기**

P. 18

## 프린세스 프릴 원피스
*Princess frilly dress*

### READY

**완성치수** 가슴둘레 | 44cm  옷 길이 | 36cm

**재료** 실 | 오가닉 코튼사 민트색 4볼(100g), 연노란색 1볼(25g)
바늘 | 3.5mm 대바늘, 3.5mm 둘레바늘 (40cm 짧은 둘레바늘)

**게이지** 26코×35단(10cm² 메리야스뜨기)

### HOW TO MAKE

※ 요크 부분 ※

1 3.5mm 대바늘로 민트색 실을 사용해 80코를 잡아 원형으로 메리야스뜨기 24단을 뜨는데, 4단마다 16곳에서 6번 분산 늘림해서 총 96코를 늘린다(5코씩 16조각으로 나눠 늘린다). 이때 민트색과 연노란색 실을 2단마다 번갈아 배색한다.

❋ 원형으로 떠야 하므로 40cm 짧은 둘레바늘을 사용하면 편리하다. 보통 사용하는 줄바늘은 80cm이다.

2 이어서 민트색 2단, 연노란색 2단을 가터뜨기한 다음 코막음한다.

※ 뒤판 ※

1 3.5mm 대바늘로 뒤판에 해당하는 부분에서 52코를 주워 양쪽 진동에서 5단째 1코를 1번, 2단째 1코를 2번 늘림하고 1단을 뜬다(총 10단으로 앞판보다 2단 높다).

2 이어서 56단을 더 뜨는데, 가운데 3곳에서 7단째 3코를 1번, 10단째 3코를 4번 총 15코를 분산 늘림하고 9단을 더 뜬다.

3 프릴은 1코를 뜨고 바늘비우기(실을 바늘에 감거나 앞쪽에 놓기), 또 1코 뜨고 바늘비우기를 반복해서 총 71코를 늘려 144코를 만든 다음 메리야스뜨기 16단, 가터뜨기 2단을 뜨고 코막음한다.

※ 앞판 ※

1 3.5mm 대바늘로 앞판에 해당하는 부분에서 52코를 주워 양쪽 진동에서 3단째 1코를 1번, 2단째 1코를 2번 늘림하고 1단을 뜬다.

2 뒤판과 동일하게 뜬다.

※ 마무리 ※

1 앞뒤 판의 옆선을 돗바늘로 꿰맨다.

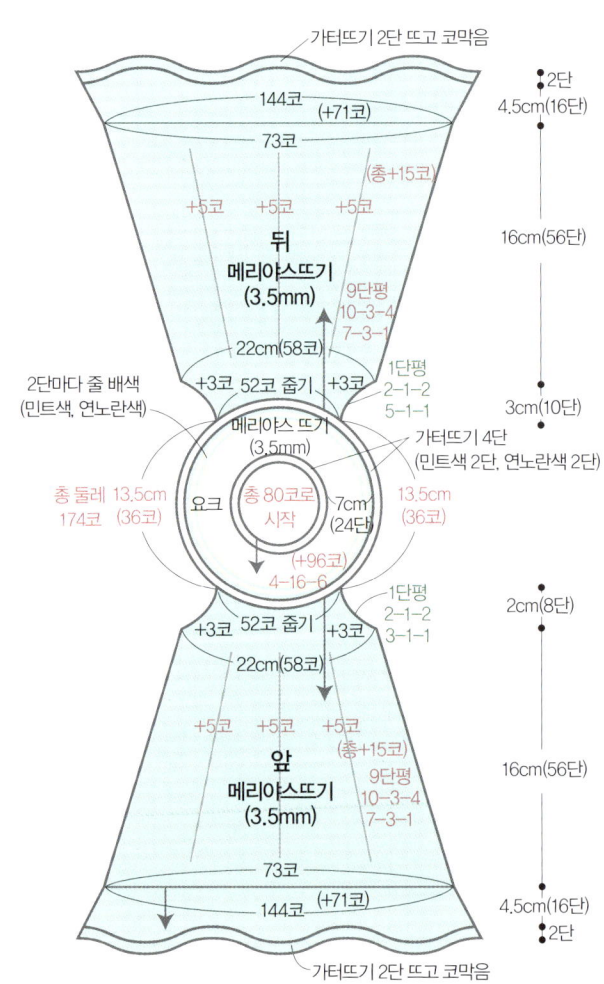

P. 19

## 달콤 캔디 카디건
Sweet Candy Cardigan

### READY

**완성치수** 가슴둘레 54cm  소매 길이 28cm  옷 길이 31cm

**재료** 실 │ 유기 울사 하늘색 3볼(120g), 연노란색 1볼(25g)
 바늘 │ 3mm·3.5mm 대바늘
 부재료 │ 지름 1.2cm 단추 4개

**게이지** 24코×33단(10cm² 메리야스뜨기)

### HOW TO MAKE

※ 뒤판

1 3.5mm 대바늘로 66코를 잡아 가터뜨기 8단을 뜬다.
2 이어서 메리야스뜨기로 46단을 더 뜬다.
3 사선 진동 줄임은 양쪽에서 3코씩 코막음한 다음 2단마다 1코씩 20번 줄이며 42단을 뜬다(총 23코를 줄인다).
4 남은 20코는 코막음한다.

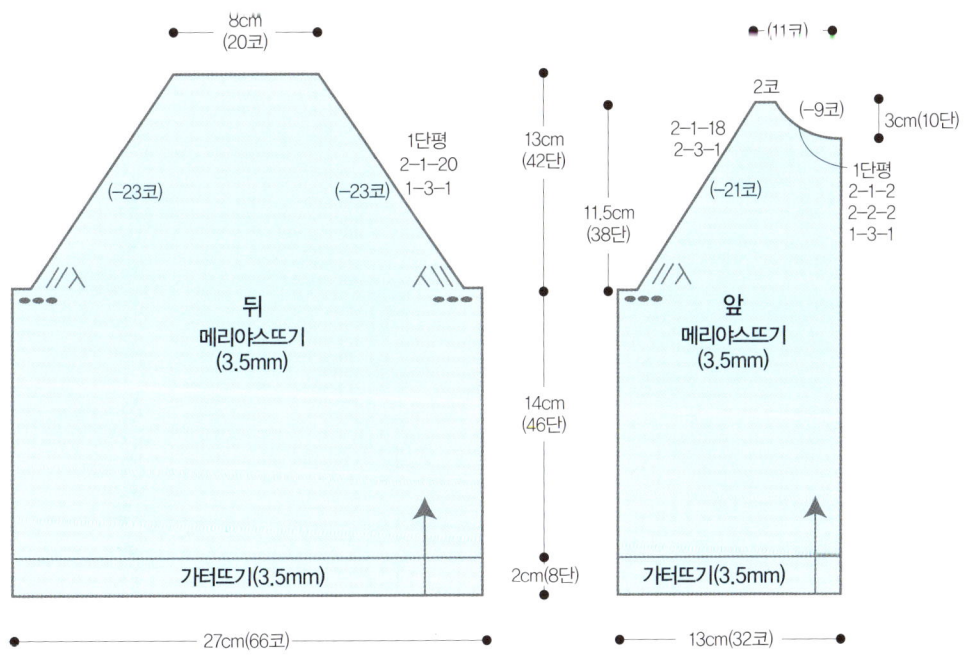

※ 앞판 ※

1. 3.5mm 대바늘로 32코를 잡아 가터뜨기 8단을 뜬다.
2. 이어서 메리야스뜨기로 46단을 더 뜬다.
3. 진동 줄임은 뒤판과 동일한 방법으로 하는데, 3코를 코막음한 다음 2단마다 1코씩 18번 줄여 총 21코를 줄인다. 이때 28단까지 뜨고 29단째부터 앞목 파임을 하는데 1단째 3코를 1번, 2단째 2코를 2번, 2단째 1코를 2번 줄이고 1단을 뜬다.
4. 대칭으로 1장을 더 뜬다.

※ 소매 ※

1. 3mm 대바늘로 42코를 잡아 가터뜨기 8단을 뜬다.
2. 3.5mm 대바늘로 바꿔 메리야스뜨기 44단을 뜨는데, 5단째 1코를 1번, 4단째 1코를 4번, 6단째 1코를 3번, 양쪽으로 총 8코씩 늘려가며 뜬다. 이때 12단 간격마다 실의 색을 바꿔가며 배색한다.
3. 소매의 사선 줄임은 뒤판과 앞판이 동일하며 앞쪽은 1단째 8코를 1번, 2단째 3코를 1번, 2단째 1코를 1번으로 총 12코를 더 줄임한다. 남은 2코는 코막음한다.
4. 대칭으로 소매 1장을 더 뜬다.

※ 마무리 ※

1. 앞뒤 몸판의 옆선과 소매의 옆선을 돗바늘로 꿰맨다.
2. 몸판과 소매의 사선 부분끼리 맞대어 꿰맨다.
3. 3mm 대바늘로 앞목에서 15코씩, 소매에서 12코씩, 뒷목에서 18코를 주워 가터뜨기 8단을 뜨고 코막음한다.
4. 3mm 대바늘로 앞여밈에서 70코를 주워 가터뜨기 8단을 뜨는데, 5단째 밑에서 8코 떨어진 곳에서 첫 번째 단춧구멍을 만들고 18코 간격마다 3개의 단춧구멍을 더 만든다.

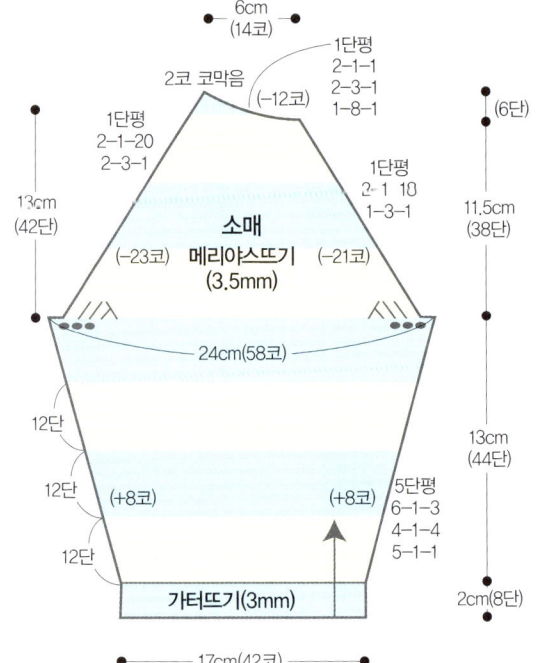

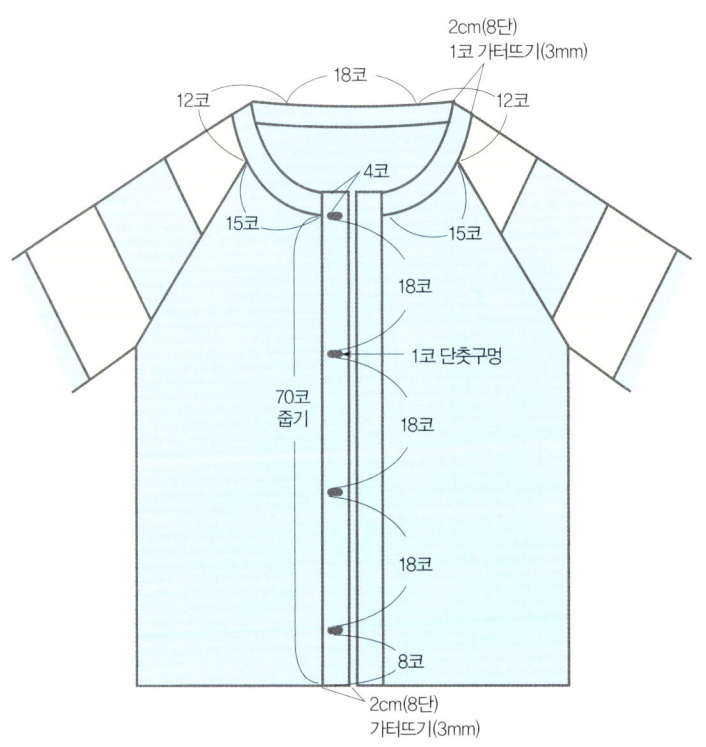

P.20

▶ READY

**완성치수** 가슴둘레 | 58cm  소매 길이 | 30cm  옷 길이 | 32.5cm

**재료** 실 | 순모사 노란색 5볼(125g)  바늘 | 4.5mm·5mm 대바늘
부재료 | 지름 2cm 단추 4개

**게이지** 15코×25단(10cm² 메리야스뜨기)

▶ HOW TO MAKE

❋ 뒤판 ❋

1 4.5mm 대바늘로 45코를 잡아 1코 고무뜨기 6단을 뜬다.
2 이어서 메리야스뜨기로 40단을 더 뜬다.
3 사선 진동 줄임은 양쪽에서 1단째 1코를 1번, 2단째 1코를 15번 줄이고 1단을 뜬다.
4 남은 13코는 코막음한다.

❋ 앞판 ❋

1 4.5mm 대바늘로 22코를 잡아 1코 고무뜨기 6단을 뜬다.
2 이어서 메리야스뜨기로 40단을 더 뜬다.
3 진동 줄임은 뒤판과 동일한 방법으로 하는데, 1단째 1코를 1번, 2단째 1코를 13번 줄이며 28단을 뜬다. 이때 22단까지 뜨고 23단째부터 앞목 파임을 하는데, 1단째 3코를 1번, 2단째 2코를 1번, 2단째 1코를 1번 줄이고 1단을 뜨고 남은 2코는 코막음한다.
4 대칭으로 1장을 더 뜬다.

## 포근이 병아리 카디건
*Soft Chick Cardigan*

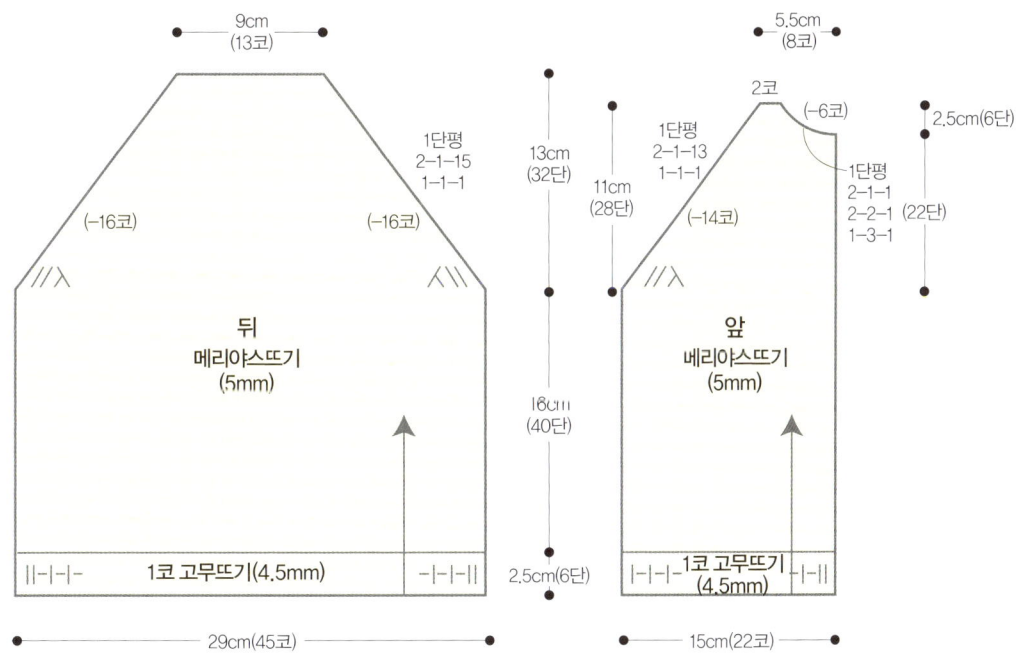

## ❈ 소매 ❈

1. 4.5mm 대바늘로 28코를 잡아 1코 고무뜨기 6단을 뜬다.
2. 5mm 대바늘로 바꿔 메리야스뜨기 36단을 뜨는데, 양쪽으로 7단째 1코를 1번, 6단째 1코를 4번 늘리고 5단을 더 뜬다.
3. 소매의 사선 줄임은 뒤판과 앞판이 동일하며, 소매의 곡선 부분을 앞쪽은 1단째 4코를 1번, 2단째 2코를 1번으로 총 6코를 줄임하고 남은 2코는 코막음한다.
4. 대칭으로 소매 1장을 더 뜬다.

## ❈ 마무리 ❈

1. 앞뒤 몸판의 옆선과 소매의 옆선을 돗바늘로 꿰맨다.
2. 몸판과 소매의 사선 부분끼리 맞대어 꿰맨다.
3. 4.5mm 대바늘로 앞목 둘레에서 8코, 소매에서 7코씩, 뒷목에서 11코를 주워 1코 고무뜨기 2단을 뜨고 돗바늘로 마무리한다.
4. 4.5mm 대바늘 바꿔 앞여밈에서 59코를 주워 1코 고무뜨기 6단을 뜨는데, 3단째 밑에서 6코 떨어진 곳에서 첫 번째 단춧구멍을 만들고 15코 간격마다 3개의 단춧구멍을 만든다.
5. 주머니는 5mm 대바늘로 9코를 잡아 가터뜨기 한다. 이때 양쪽에서 3단째 1코를 1번, 2단째 1코를 1번 늘리고 15단을 더 뜬다. 이어서 1코 고무뜨기 4단을 뜨고 돗바늘로 마무리한다. 몸판의 적당한 위치에 꿰맨다.

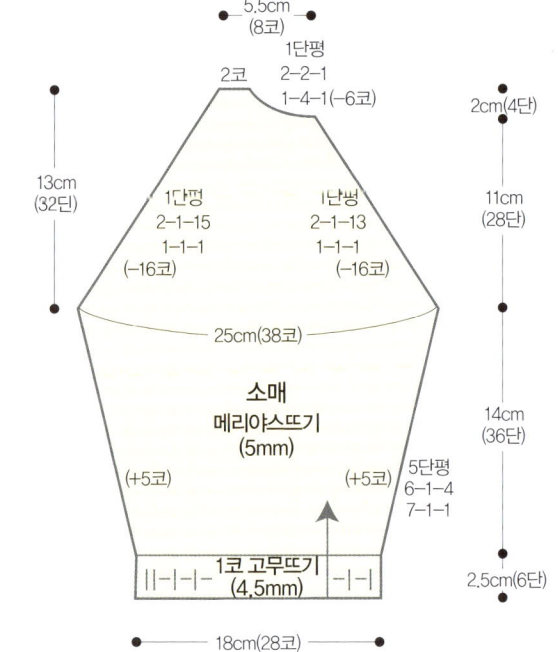

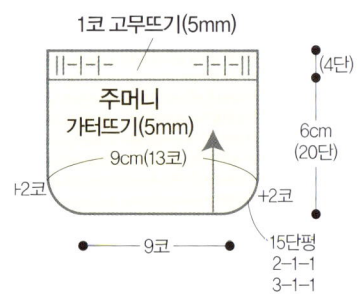

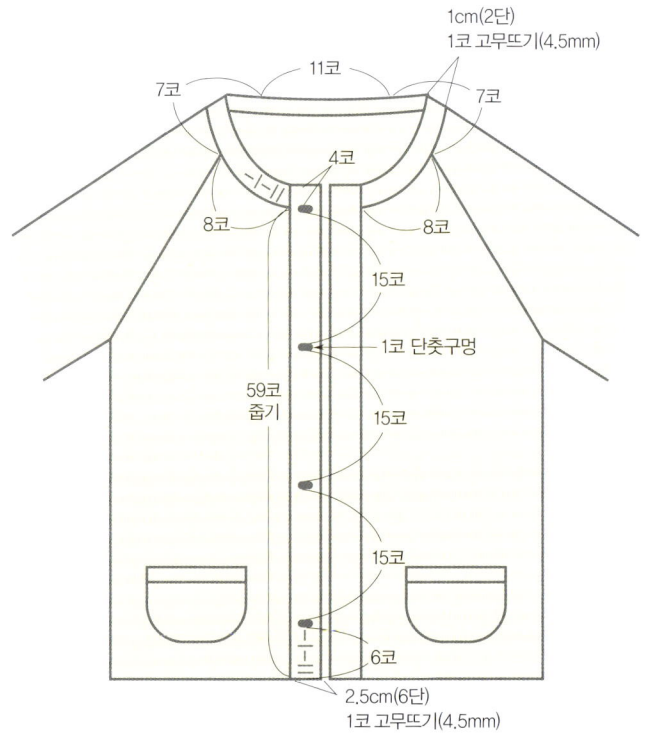

P.21

## 캐빈 블랭킷 &
## 오뚝이 볼
Kevin Blanket &
Roly Poly Toy

### ▶ READY

**완성치수** 블랭킷 | 75×74cm  오뚝이 볼 | 12×16cm

**재료** 실 | 면 혼방사 아이보리색 5볼(200g), 연회색 4볼(160g), 먹색 2볼(80g)
바늘 | 4.5mm 대바늘, 코바늘 6/0호
부재료 | 지름 약 11.5cm의 오뚝이 볼, 플라스틱 눈동자 2개

**게이지** 19코×40단(10cm² 가터뜨기)

### ▶ HOW TO MAKE

❋ 블랭킷 뜨는 법 ❋

1  4.5mm 대바늘을 사용해 연회색 실로 20코를 잡아 가터뜨기 40단(20줄)을 뜬다. 가운데 중심에서부터 바깥으로 회오리를 돌면서 뜨는 방식으로 크기를 마음대로 조절할 수 있다.

❋ 가터뜨기는 줄수로 단수를 체크하면 편한데 1줄이 2단을 뜬 것이다.

2  이어서 아이보리색으로 바꿔 가터뜨기로 20단(10줄)을 더 뜨고 코막음한다.

❋ 코막음은 느슨하게 한다(그림 도안의 ①·②블록 완성).

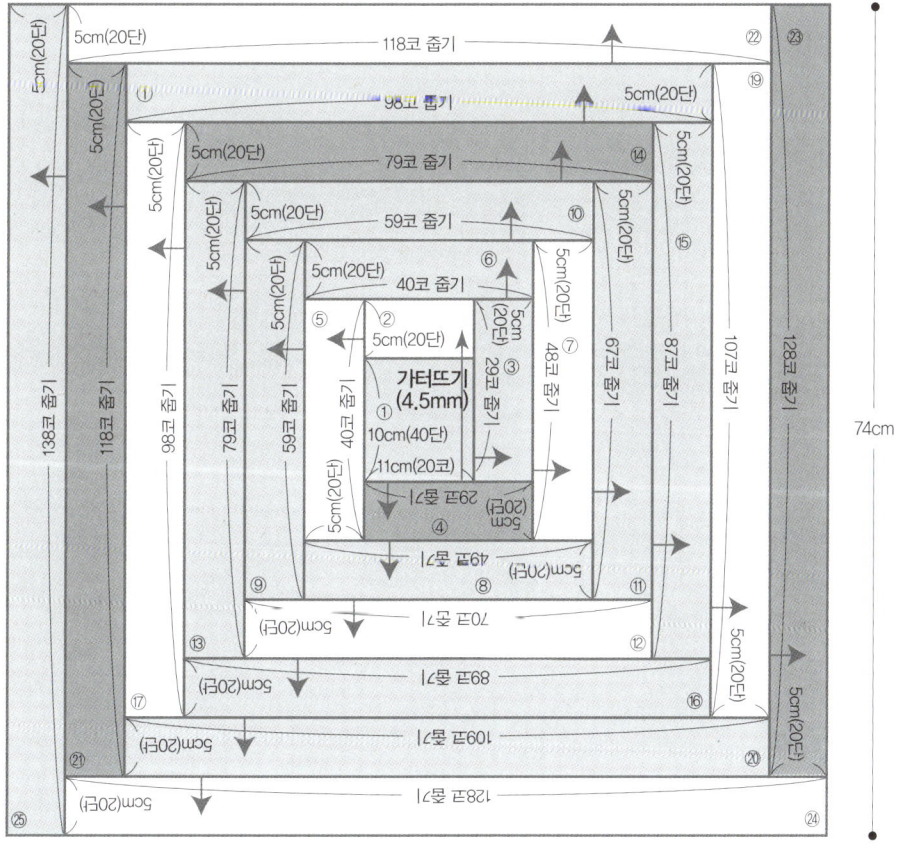

3 ③블록은 연회색 실로 떠놓은 ①·②블록의 옆선에서 29코를 주워 가터뜨기 20단을 뜨고 코막음한다.

4 ④블록은 먹색 실로 그림처럼 ①·③블록의 옆선에서 29코를 주워 가터뜨기 20단을 뜨고 코막음한다.

5 이렇게 편물을 시계 방향으로 돌려가며 각 블록에 표기된 색깔의 실로 코를 줍고 20단을 가터뜨기하고 코막음을 반복해서 원하는 크기의 블랭킷을 만든다.

## ❋ 오뚝이 볼 뜨는 법

1 연회색 실로 코바늘 6호를 사용해 원형으로 7코를 시작해 짧은뜨기한다.

2 오른쪽 표와 같이 각 단수에 해당하는 색깔의 실로 코를 늘리고 줄여가며 23단쯤 떴을 때 오뚝이 볼을 넣고, 나머지 부분을 떠서 마무리한다.

3 길게 떠놓은 머리의 꽁지 부분을 묶고, 눈동자를 본드로 붙인다(문방구에서 파는 투명한 반구의 플라스틱 인형 눈알을 잘라 속의 검은 눈동자만 사용).

❋ **오뚝이 볼** – 코바늘 6/0호

| 색상 | 단수 | 증감코 | 전체 콧수 |
|---|---|---|---|
| 연회색 | 31~48단 | 증감 없음 | 7코 |
| | 30 | −7코 | 7코 |
| | 29 | −7코 | 14코 |
| | 28 | −7코 | 21코 |
| | 27 | −7코 | 28코 |
| | 26 | −7코 | 35코 |
| | 25 | 증감 없음 | 42코 |
| | 24 | −7코 | 42코 |
| | 23 | 증감 없음 | 49코 |
| | 22 | 증감 없음 | 49코 |
| | 21 | −7코 | 49코 |
| | 20 | 증감 없음 | 56코 |
| | 19 | 증감 없음 | 56코 |
| 아이보리색 | 18 | 증감 없음 | 56코 |
| | 17 | | 56코 |
| 먹색 | 16 | 증감 없음 | 56코 |
| | 15 | | 56코 |
| 아이보리색 | 14 | 증감 없음 | 56코 |
| | 13 | | 56코 |
| 연회색 | 12 | 증감 없음 | 56코 |
| | 11 | +7코 | 56코 |
| | 10 | 증감 없음 | 49코 |
| | 9 | 증감 없음 | 49코 |
| | 8 | +7코 | 49코 |
| | 7 | 증감 없음 | 42코 |
| | 6 | +7코 | 42코 |
| | 5 | +7코 | 35코 |
| | 4 | +7코 | 28코 |
| | 3 | +7코 | 21코 |
| | 2 | +7코 | 14코 |
| | 1 | 원을 만들어 7코로 시작 | |

← 이쯤까지 뜨면 오뚝이 볼을 넣고 감싸면서 뜬다.

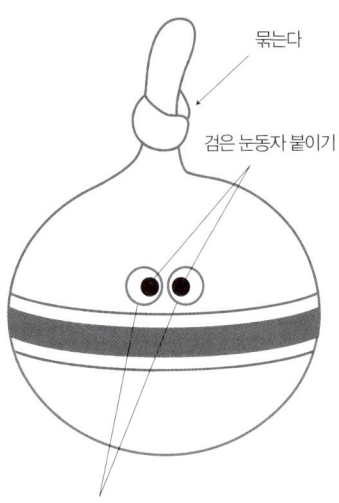

묶는다
검은 눈동자 붙이기

❋ 눈(2장 아이보리색) – 코바늘 4/0호

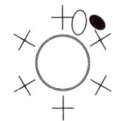

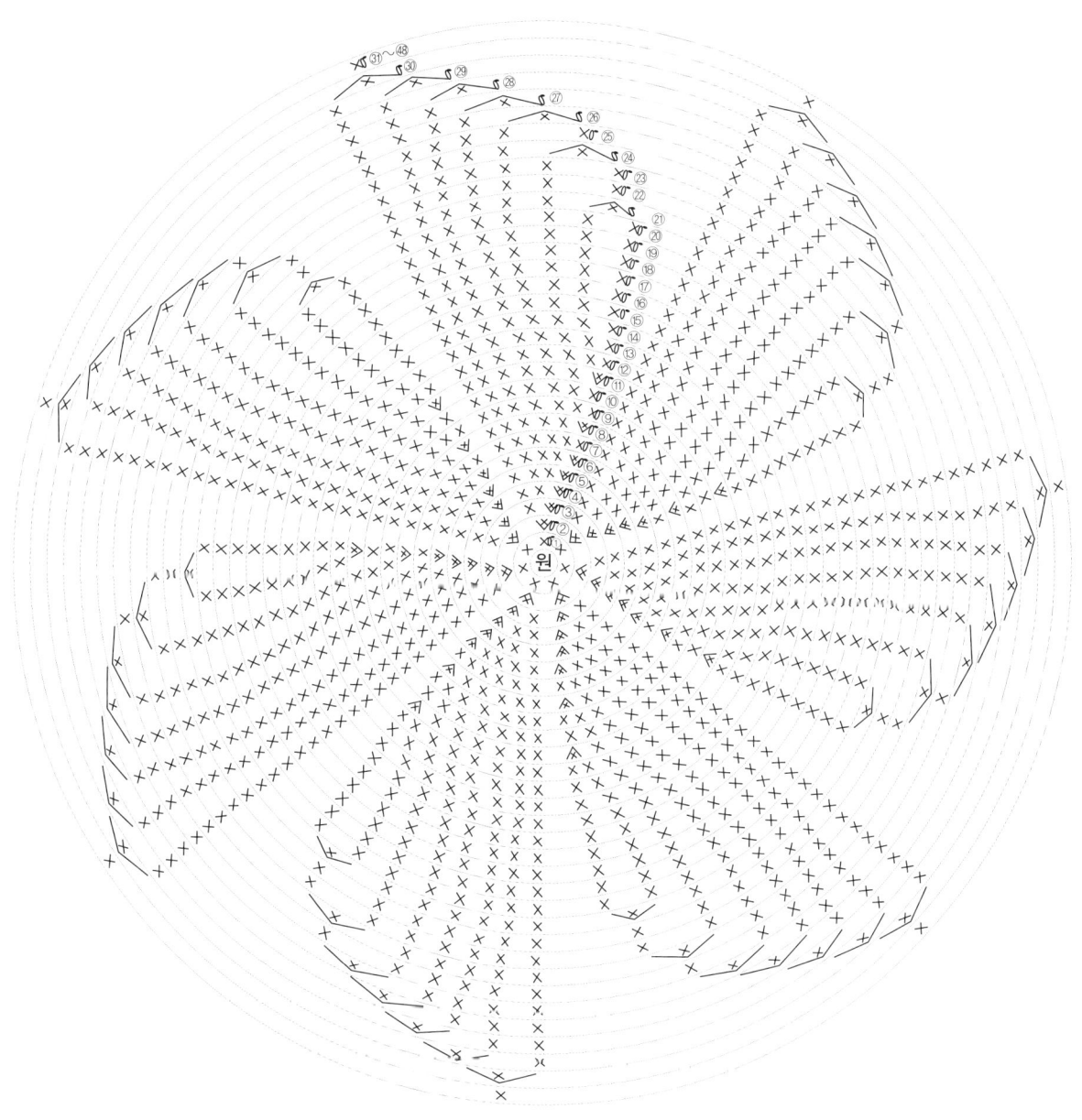

FOR KIDS

P.24

## 빅 플라워 귀마개
*Big Flower Earmuffs*

### READY

**완성치수** 19×38cm(끈 길이 제외)

**재료** 실 : 베이비 알파카사 차콜색 1볼(50g),
합성사 민트색 1볼(30g)
바늘 : 7mm 대바늘,
코바늘 6/0호·10/0호

**게이지** 15코×26단(10cm² 가터뜨기)

### HOW TO MAKE

1. 7mm 대바늘로 3코를 잡아 가터뜨기 32단을 뜨는데, 양옆으로 3단째 1코를 1번, 2단째 1코를 10번, 4단째 1코를 2번 늘리고 1단을 뜬다.
2. 이어서 가터뜨기 36단을 뜬다.
3. 이번엔 반대로 양옆에서 13코씩을 줄이는데, 3단째 1코를 1번, 4단째 1코를 2번, 2단째 1코를 10번 줄이고 1단을 뜬 다음 남은 3코는 3코 모아뜨기 한다.
4. 코바늘 6호를 사용해 사슬뜨기로 약 22cm(45코)의 끈을 만들어 양 끝에 단다.
5. 민트색 실로 코바늘 10호를 사용해 도안대로 꽃 모티브 2장을 떠서 적당한 위치에 꿰맨다.

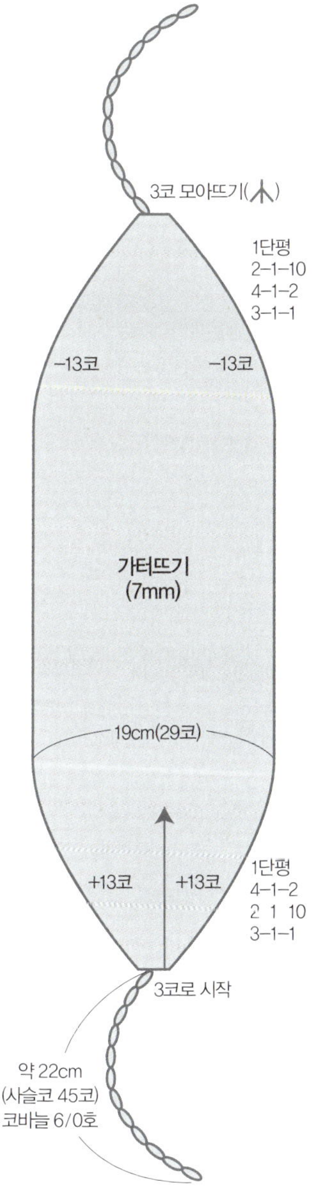

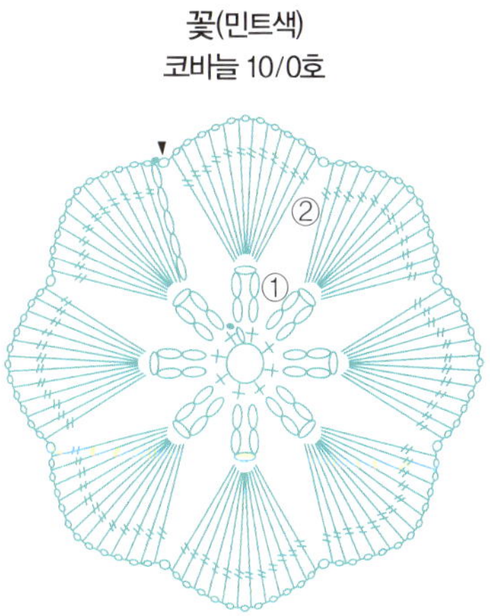

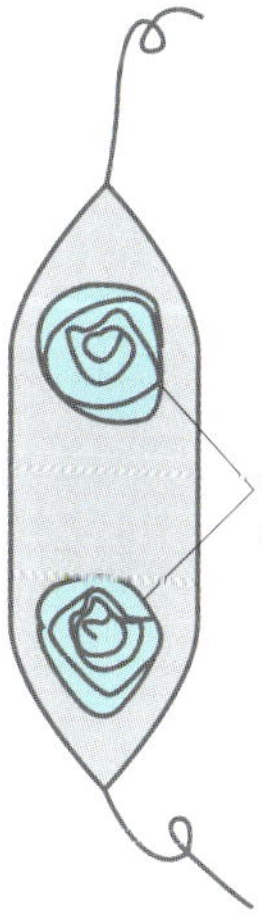

P.26

## 올리브 그린
## 캐시미어 머플러
*Olive Colored Cashmere Muffler*

### ▶ READY

**완성치수** 25×140㎝

**재료** 실 : 캐시미어사 올리브 그린색 4볼(160g), 태슬용 갈색 실 약간
　　　바늘 : 4mm 대바늘

**게이지** 22코×35단(10㎠ 무늬뜨기)

### ▶ HOW TO MAKE

1　4mm 대바늘로 55코를 잡아 무늬뜨기 490단을 뜨고 코막음한다.
2　갈색 실을 약 13cm 길이로 잘라 80가닥으로 태슬을 만들어 네 모퉁이에 단다.
　✽ 태슬을 만들 때는 적당한 길이의 물건에 실을 여러 번 감아 위아래를 자르면 쉽게 완성할 수 있다.

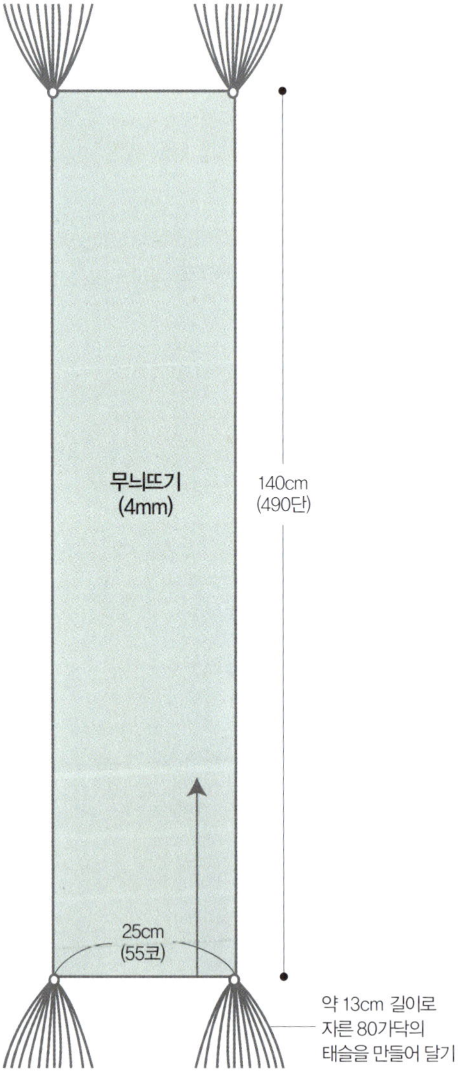

❈ 무늬뜨기

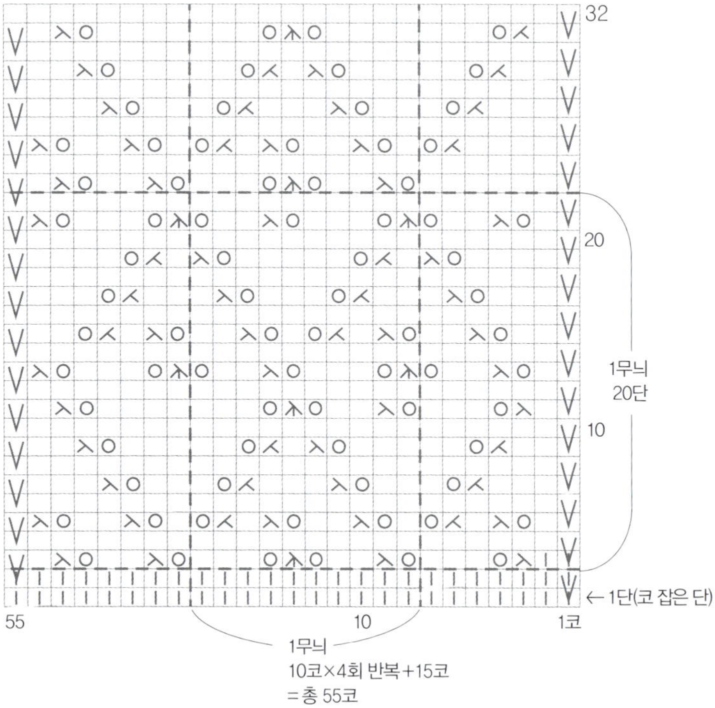

1무늬 20단
1무늬 10코×4회 반복+15코 = 총 55코

무늬뜨기 (4mm)
140cm (490단)
25cm (55코)
약 13cm 길이로 자른 80가닥의 태슬을 만들어 달기

P.28

4 2의 쉬어둔 13코와 3의 13코를 한번에 이어 같이 뜨는데, 코와 코 사이마다 코를 늘려 총 50코로 다시 만들어 22단을 뜬다.
5 각 모퉁이 4곳에서 1단째 1코를 1번, 2단째 1코를 3번, 1단째 1코를 7번 줄이고 남은 6코는 실을 통과시켜 오므린다.
6 처음에 시작했던 곳의 보조 실을 풀고 3mm 대바늘에 끼워 2~5와 동일하게 뜬다.
7 머플러를 끼워 넣을 구멍을 제외한 나머지 옆선을 돗바늘로 꿰맨다.

## 스트라이프 네키 머플러
*Striped Neki Muffler*

### ► READY

**완성치수** 10.5×65cm

**재료** 실 | 야크사 회색 1볼(40g), 진보라색 1볼(40g)
바늘 | 3mm 대바늘

**게이지** 24코×33단(10cm² 메리야스뜨기)

### ► HOW TO MAKE

1 3mm 대바늘로 보조 실(색깔이 다른 실)을 사용해 50코를 잡은 다음 메리야스뜨기 120단을 뜨는데, 보라색과 회색을 2단마다 번갈아 배색하며 뜬다.
2 절반의 콧수 25코만 가지고 첫 코를 제외한 나머지 모든 코를 2코 모아뜨기로 12코를 줄여 13코로 만들고 메리야스뜨기 14단을 뜨고 다른 바늘에 옮겨 쉬어둔다.
3 새로 실을 걸어 나머지 25코를 마지막 1코를 제외하고 2코 모아뜨기로 12코를 줄이고 메리야스뜨기로 14단을 뜬다.

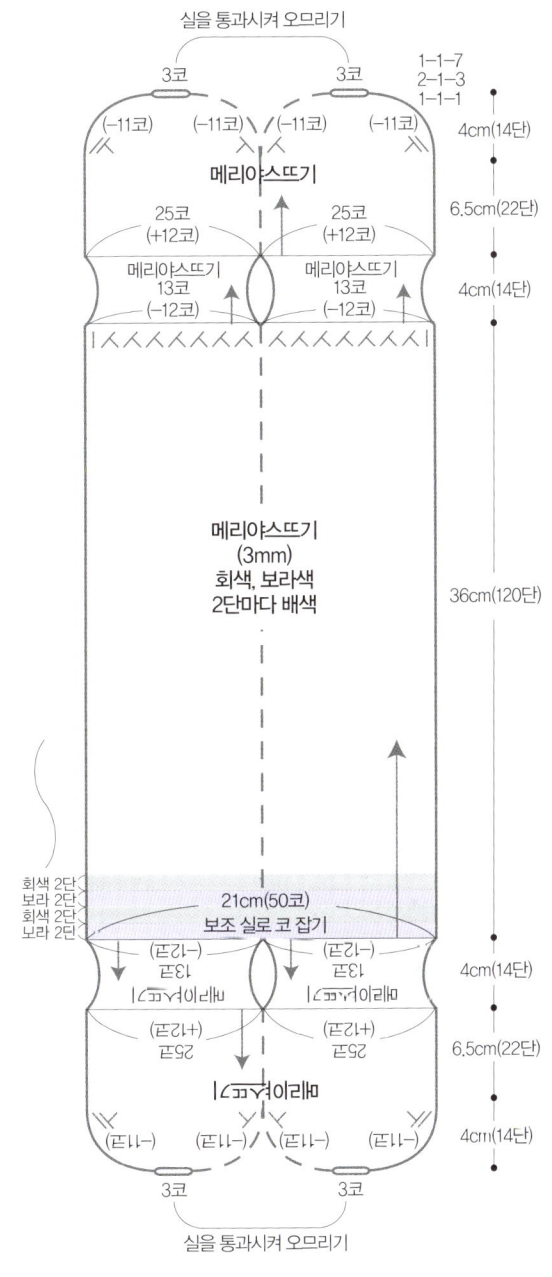

P.30

## 보이시 심플 비니
Boyish & Simple Beannie

### READY

**완성치수** 머리둘레 50cm

**재료** 실 | 유기 울사 카키색 2볼(80g)
바늘 | 3.5mm×40cm 둘레바늘

**게이지** 25코×33단(10cm² 메리야스뜨기)

### HOW TO MAKE

1 3.5mm 짧은 둘레바늘(40cm 길이)로 126코를 잡아 원통으로 무늬뜨기 50단을 뜬다.
2 도안과 같이 정해진 3곳에서 매 단마다 1코씩 줄임하며 32단을 뜬다.
3 남은 코는 실을 통과시켜 오므린다.

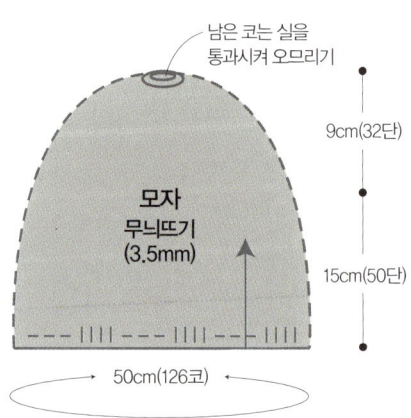

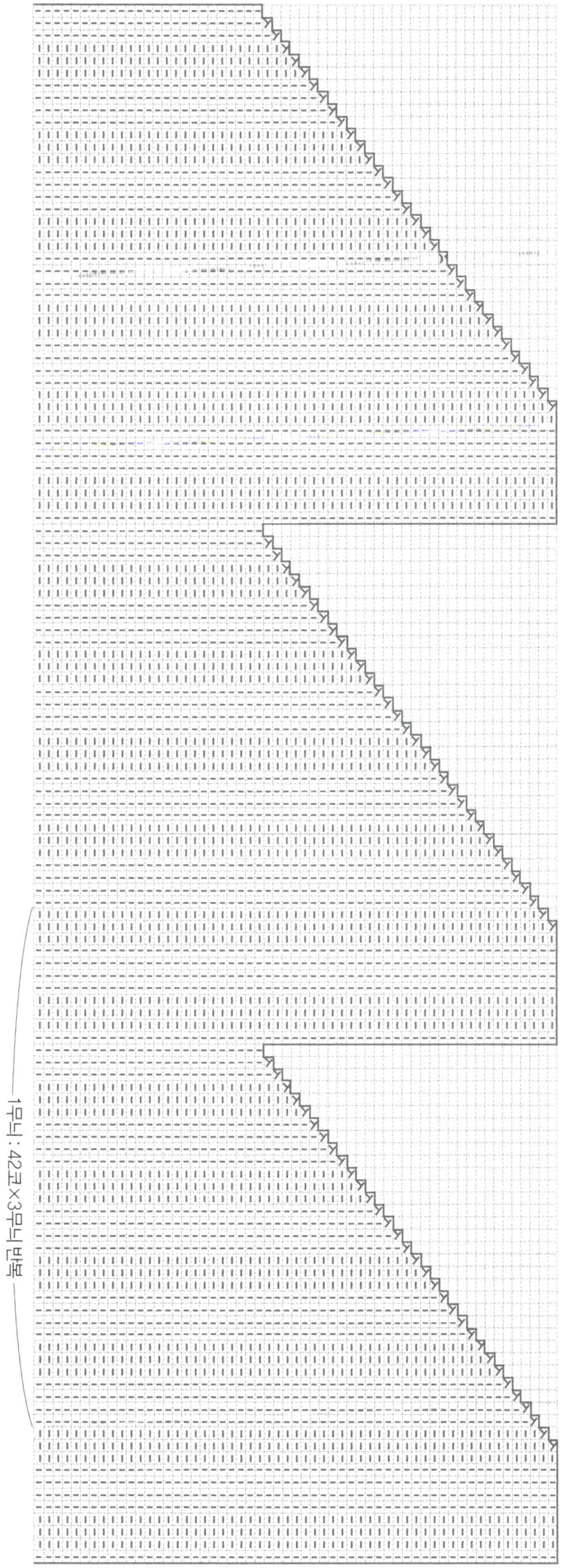

138

P.32

### HOW TO MAKE

1. 15mm 대바늘로 26코를 잡아 메리야스뜨기 12단을 뜬다.
2. 도안과 같이 정해진 4곳에서 1단째 1코를 1번, 2단째 1코를 3번, 1단째 1코를 1번 줄이고 남은 6코는 실을 통과시켜 오므린다.
3. 돗바늘로 모자 옆선을 반코 꿰맨다(실이 굵어 시접을 최소화하는 게 좋으므로 반코 꿰매기한다).

   ⊙ 반코 꿰매기 동영상은 '카카오스토리/친구/짜임공방/소식받기'에서 확인할 수 있다.

## 루피 망고 스타일 모자
*Loopy Mango Style Hat*

### READY

**완성치수** 머리둘레 50cm

**재료** 실 | 합성 빅욱사 보라 계열·다크 청록 계열 1볼씩(100g)
바늘 | 15mm 대바늘

**게이지** 5코×10단(10cm² 메리야스뜨기)

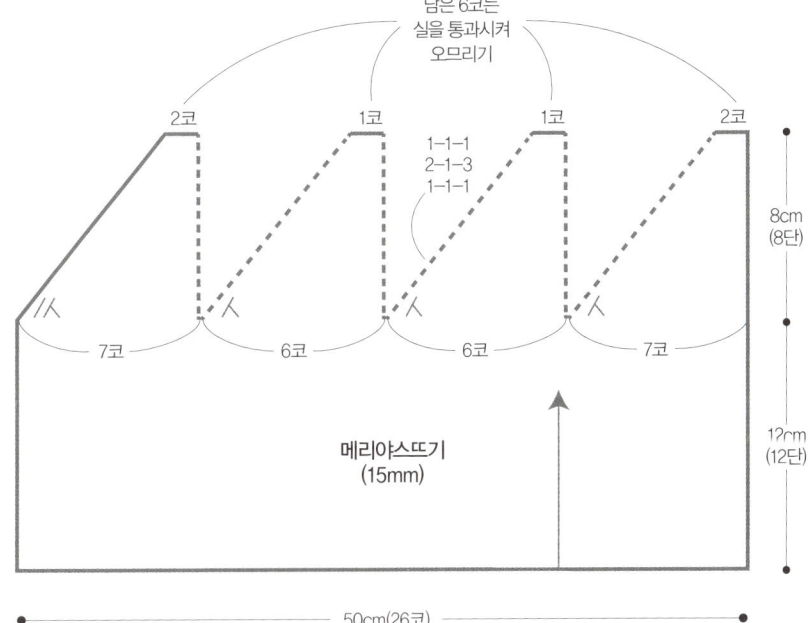

### 무늬뜨기

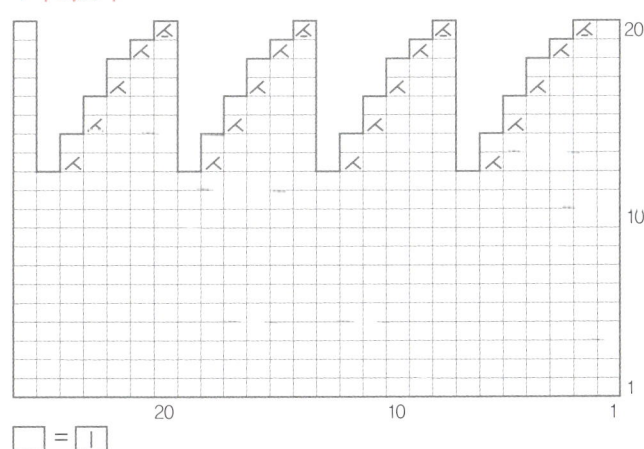

□ = │

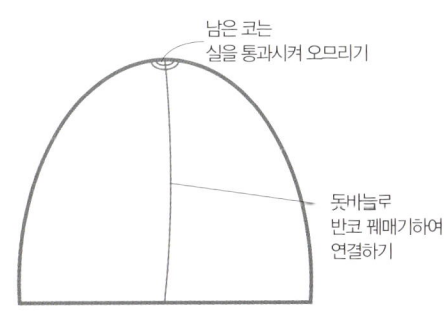

P.34

### HOW TO MAKE

1. 6mm 대바늘로 갈색 실을 사용해 3코를 잡아 가터뜨기 84단을 뜨는데, 한쪽 면에서만 3단째 1코를 1번, 2단째 1코를 40번 늘리고 1단을 뜬다(총 44코).
2. 이어서 베이지색으로 실을 바꿔 가터뜨기 60단을 더 뜬다.
3. 다시 와인색으로 실을 바꿔 반대쪽 면을 41코 줄이는데, 3단째 1코를 1번, 2단째 1코를 40번 줄이고 1단을 뜬 다음 남은 3코는 3코 모아뜨기를 한다.

## 심플 쁘띠 머플러
*Simple Petit Muffler*

### READY

**완성치수** 25×92cm

**재료** 실 | 라나울사 베이지색·갈색·와인색 1볼씩(30g)
바늘 | 6mm 대바늘

**게이지** 18코×25단(10cm² 가터뜨기)

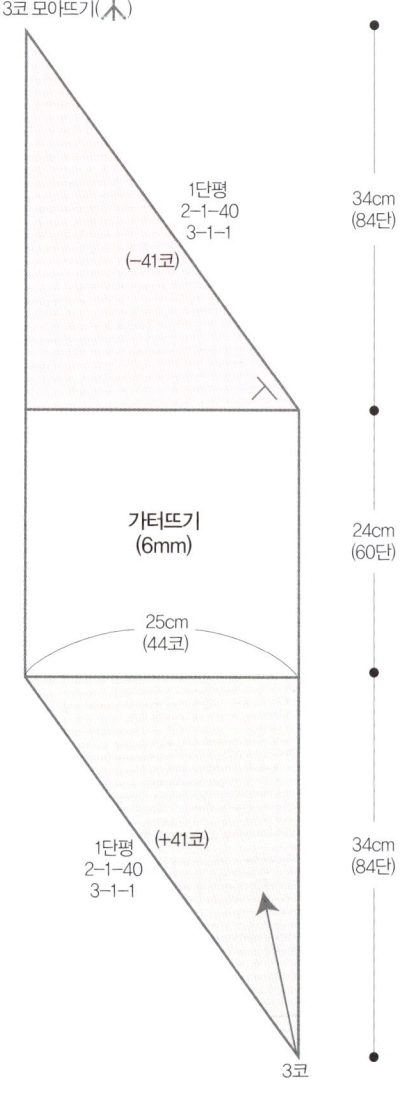

### HOW TO MAKE

※ **뒤판**

1. 4mm 대바늘로 94코를 잡아 그림처럼 가운데는 무늬뜨기, 양옆으로는 메리야스뜨기로 264단을 뜬다.
2. 손목이 들어갈 수 있도록 위아래 단면의 표기되어 있는 곳(◉·★)끼리 맞대어 돗바늘로 꿰맨다.

※ **앞판**

1. 4mm 대바늘로 50코를 잡아 메리야스뜨기 128단을 뜨는데, 한쪽 사선에서 3단째 1코를 1번, 4단째 1코를 31번 줄임하고 1단을 뜬다. 남은 18코는 쉬어둔다.
2. 대칭으로 1장을 더 뜬다.

## 성냥 사세요, 후드 망토
*Buy Match, Hood Cape*

### READY

**완성치수** 옷 길이 : 44cm(4~7세용)
**재료** 실 : 야크사 연회색 7볼(350g), 싸개단추용 먹색 실 약간
바늘 : 3mm·4mm 대바늘
부재료 : 지름 3cm 단추 2개 (싸개단추용)
**게이지** 20코×29단(10cm² 메리야스뜨기)

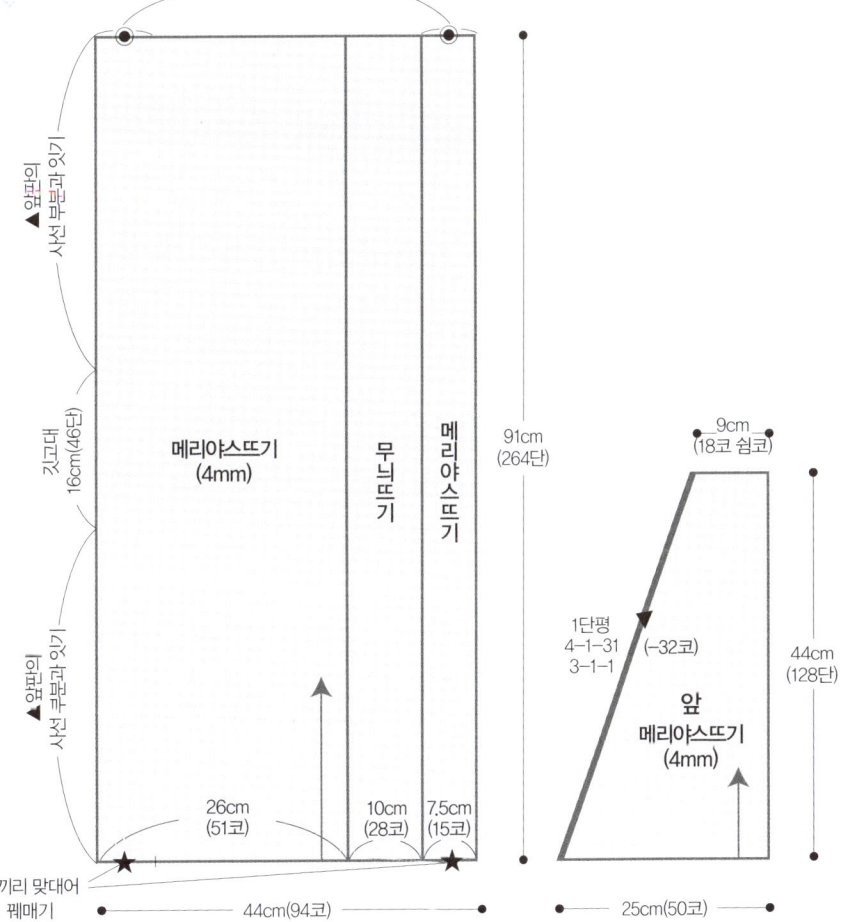

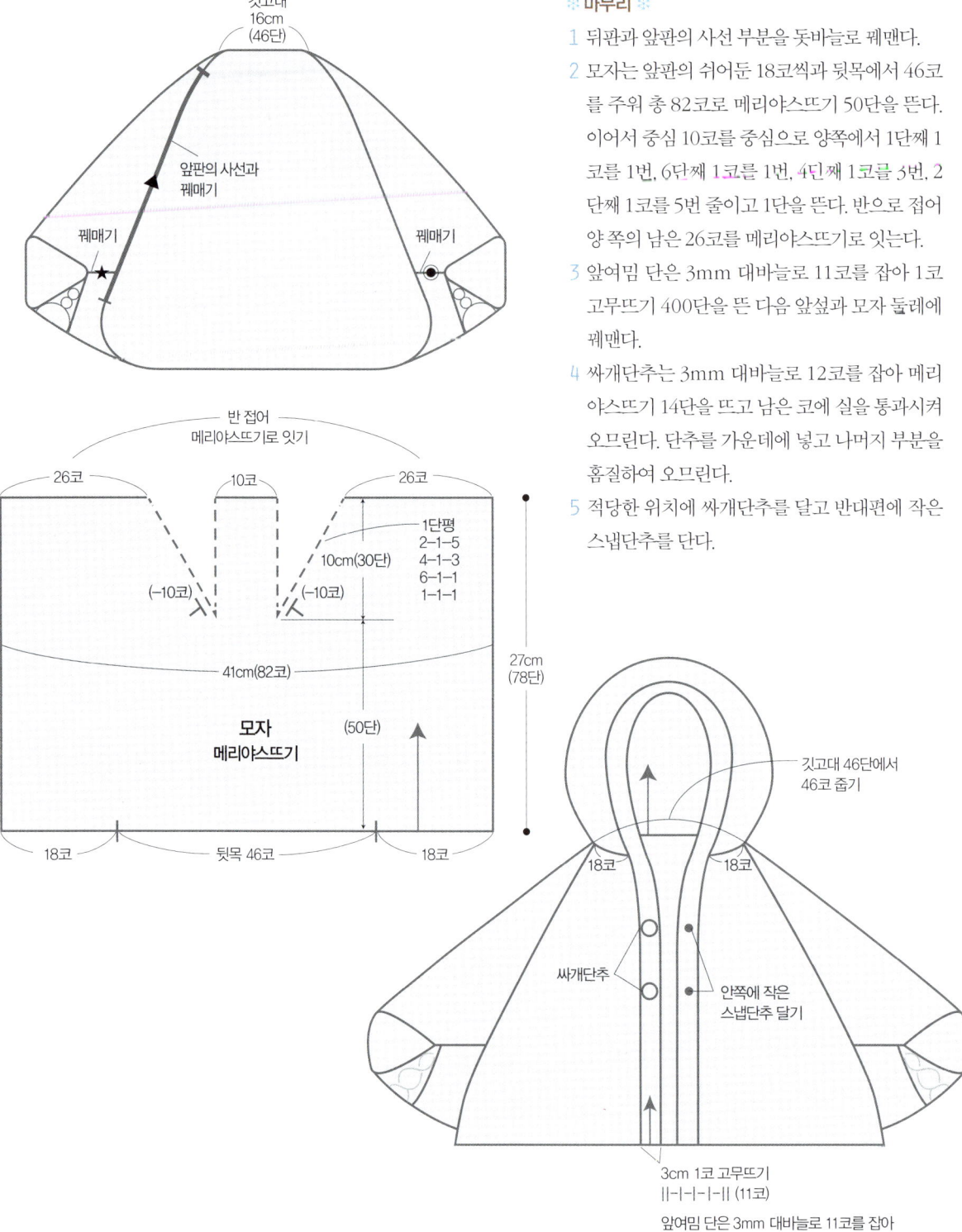

### ❊ 마무리 ❊

1. 뒤판과 앞판의 사선 부분을 돗바늘로 꿰맨다.
2. 모자는 앞판의 쉬어둔 18코씩과 뒷목에서 46코를 주워 총 82코로 메리야스뜨기 50단을 뜬다. 이어서 중심 10코를 중심으로 양쪽에서 1단째 1코를 1번, 6단째 1코를 1번, 4단째 1코를 3번, 2단째 1코를 5번 줄이고 1단을 뜬다. 반으로 접어 양 쪽의 남은 26코를 메리야스뜨기로 잇는다.
3. 앞여밈 단은 3mm 대바늘로 11코를 잡아 1코 고무뜨기 400단을 뜬 다음 앞섶과 모자 둘레에 꿰맨다.
4. 싸개단추는 3mm 대바늘로 12코를 잡아 메리야스뜨기 14단을 뜨고 남은 코에 실을 통과시켜 오므린다. 단추를 가운데에 넣고 나머지 부분을 홈질하여 오므린다.
5. 적당한 위치에 싸개단추를 달고 반대편에 작은 스냅단추를 단다.

✿ 싸개단추 만들기(2개)

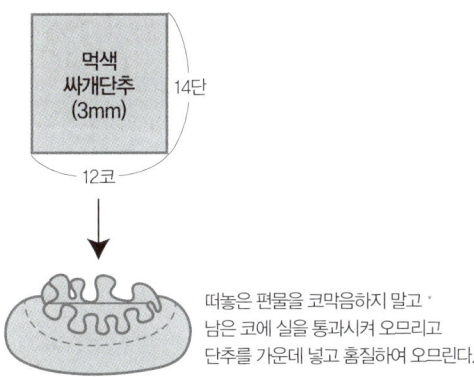

떠놓은 편물을 코막음하지 말고
남은 코에 실을 통과시켜 오므리고
단추를 가운데 넣고 홈질하여 오므린다.

✿ 무늬뜨기

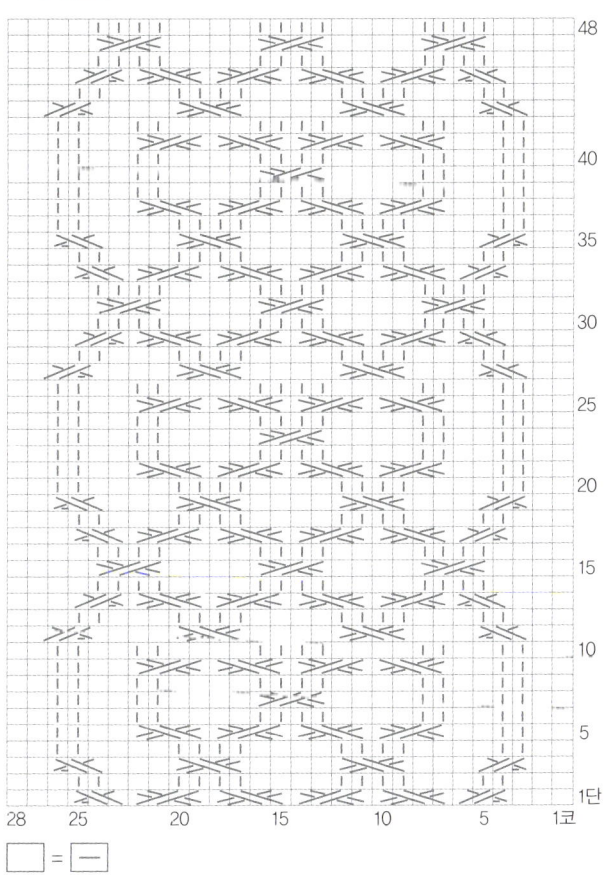

☐ = ―

P.40

### 꼬마 신사
### 와이 넥 카디건

*Young Man's Y-Necked Cardigan*

- 파란색 표기 4~5세용
- 검은색 표기 6~7세용

**READY**

완성치수 | 가슴둘레 | 68cm(4~5세), 72cm(6~7세) 어깨 너비 | 24cm(4~5세), 27cm(6~7세)
옷 길이 | 41.5cm(4~5세), 44.5cm(6~7세) 소매 길이 | 36.5cm(4~5세), 39.5cm(6~7세)

재료 | 실 | 트위드사 와인색 7볼(280g), 먹색 약간
바늘 | 4mm · 4.5mm 대바늘 부재료 | 지름 2cm 단추 4개

게이지 21코×28단(10cm² 무늬뜨기)

**HOW TO MAKE**

❈ 뒤판 ❈

1. 4mm 대바늘로 71코(75코)를 잡아 1코 고무뜨기 14단을 뜬다.
2. 4.5mm 대바늘로 바꿔 무늬뜨기 62단(68단)을 뜬다.
3. 진동 줄임은 양쪽 끝에서 1단째 3코를 1번, 2단째 2코를 2번, 2단째 1코를 2번, 4단째 1코를 1번 줄이고 25단(27단)을 증감 없이 더 뜬다.
4. 뒷목 파임과 어깨처짐을 동시에 하는데, 오른쪽 어깨코 13코(14코)와 뒷목 파임 2코를 더해 총 15코(16코)를 뜨고 되돌려 2단에 1코를 2번 줄여 뒷목 파임을 하고 2단을 더 뜬다. 동시에 5코를 2번 되돌려가며 어깨처짐을 한다.
5. 새로 실을 걸어 가운데 21코(23코)를 코막음하고 왼쪽 어깨를 오른쪽과 대칭으로 뜬다.

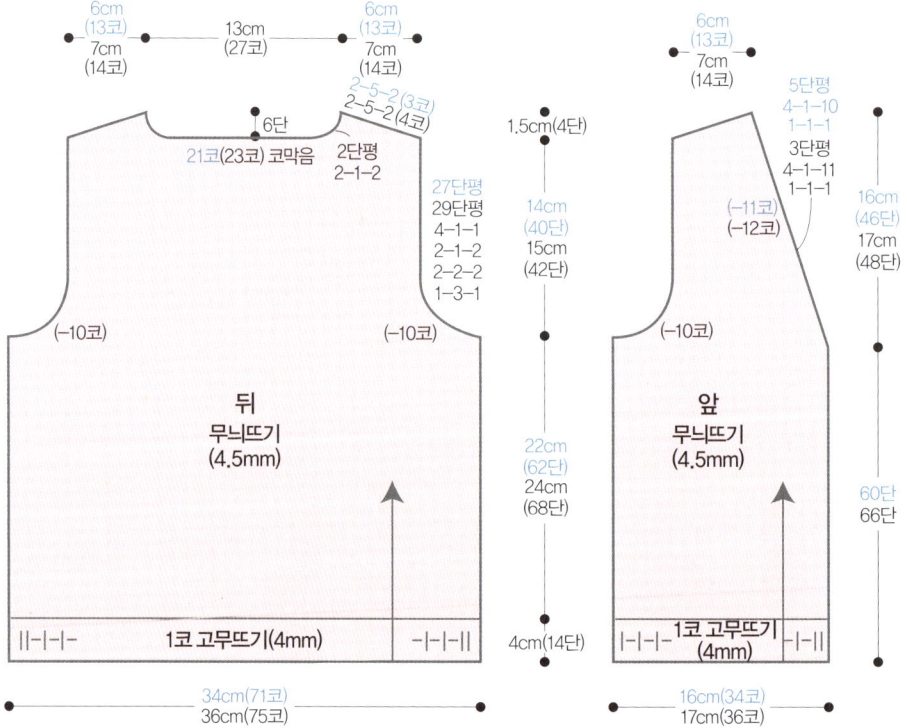

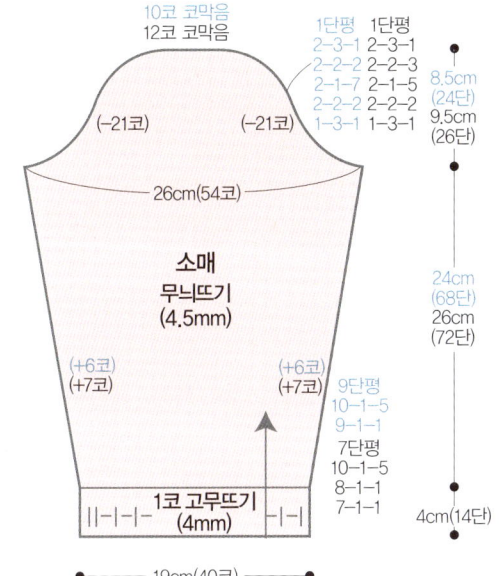

### ❋ 앞판 ❋

1. 4mm 대바늘로 34코(36코)를 잡아 1코 고무뜨기 14단을 뜬다.
2. 4.5mm 대바늘로 바꿔 무늬뜨기로 60단(66단)까지 뜬다.
3. 사선 앞목 파임은 1단째 1코를 1번, 4단째 1코를 10번(11번) 줄임하고 5단(3단)을 더 뜬다. 동시에 진동 줄임은 뒤판과 동일한 방법으로 한다.

### ❋ 소매 ❋

1. 4mm 대바늘로 40코를 잡아 1코 고무뜨기 14단을 뜬다.
2. 4.5mm 대바늘로 바꿔 무늬뜨기 68단(72단)을 뜨는데, 양옆에서 9단째 1코를 1번, 10단째 1코를 5번 늘리고 9단을 뜬다(6~7세용은 7단째 1코를 1번, 8단째 1코를 1번, 10단째 1코를 5번 늘리고 7단을 뜬다).
3. 소매 곡선은 양 끝에서 1단째 3코를 1번, 2단째 2코를 2번, 2단째 1코를 7번(5번), 2단째 2코를 2번(3번), 2단째 3코를 1번 줄이고 1단을 뜬다. 남은 10코(12코)는 코막음한다.

### ❋ 마무리 ❋

1. 몸판의 겉과 겉을 마주대고 덮어씌우기로 어깨를 잇는다.
2. 앞뒤 몸판과 소매의 옆선을 돗바늘로 꿰맨다.
3. 몸판의 진동 둘레와 소매의 곡선을 돗바늘로 꿰맨다.
4. 앞여밈 단은 4mm 대바늘로 앞섶에서 52코(58코)씩, 사선에서 49코(51코)씩, 뒷목에서 39코(41코)를 주워 1코 고무뜨기 8단을 뜨고 돗바늘로 마무리한다. 마지막 2단은 먹색 실로 뜬다. 이때 밑에서 6코(8코) 떨어진 곳에서 첫 번째 단춧구멍을 만들고 15코(17고) 간격마다 3개의 단춧구멍을 더 만든다.

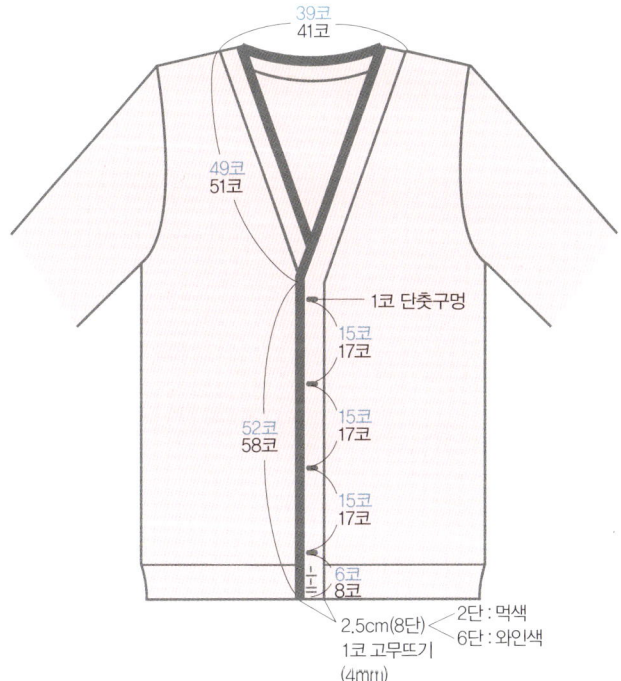

### ✿ 무늬뜨기

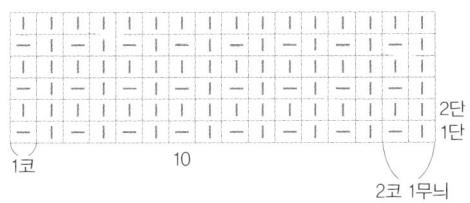

P.42

### 인디언 베스트
*Indian Style Vest*

#### ▶ READY

- **완성치수** 가슴둘레 │ 66cm(4~5세), 72cm(6~7세)  어깨 너비 │ 27cm(4~5세), 29cm(6~7세)
  옷 길이 │ 39.5cm(4~5세), 42cm(6~7세)
- **재료** 실 │ 유기 울사 갈색 4볼(160g), 모헤어사 3볼(60g)
  바늘 │ 3mm·3.5mm 대바늘  부재료 │ 여러 가지 색 스웨이드 약간
- **게이지** 22코×34단(10cm² 메리야스뜨기), 24코×35단(10cm² 멍석뜨기)

#### ▶ HOW TO MAKE

❈ 뒤판 ❈

1. 3.5mm 대바늘로 74코(80코)를 잡아 메리야스뜨기 11단을 뜨고 12단째 안뜨기 부분을 겉뜨기로 뜬다(접히는 경계선).
2. 이어서 메리야스뜨기로 78단(86단)을 더 뜬다.
3. 진동 줄임은 양쪽에서 1단째 3코를 1번, 2단째 2코를 1번, 2단째 1코를 2번 줄이고 1단을 뜬다. 이때 9~12단은 가터뜨기로 뜨고, 나머지 46단(48단)은 멍석뜨기로 뜬다.

- 파란색 표기  4~5세용
- 검은색 표기  6~7세용

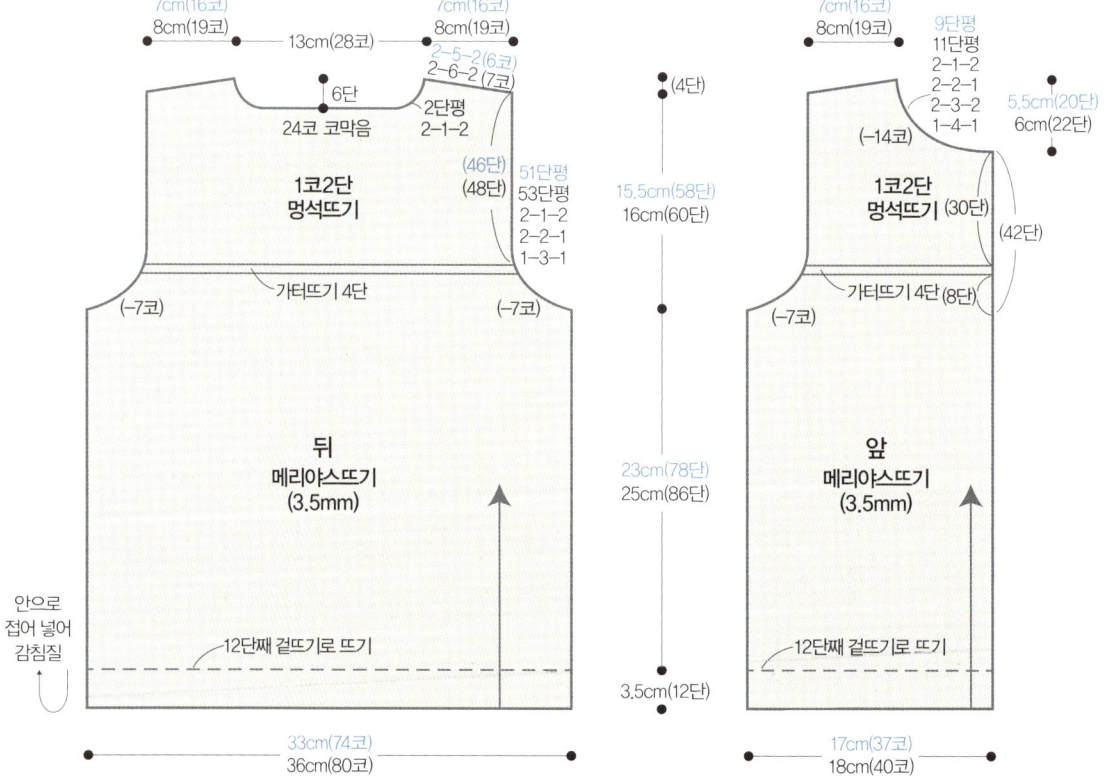

4 뒷목 파임과 어깨처짐을 동시에 하는데, 오른쪽 어깨코 16코(19코)와 뒷목 파임 2코를 더해 총 18코(21코)를 뜨고 되돌려 2단에 1코를 2번 줄여 뒷목 파임을 하고 2단을 더 뜬다. 동시에 5코(6코)를 2번 되돌려가며 어깨처짐을 한다.

5 새로 실을 걸어 가운데 24코를 코막음하고 왼쪽 어깨를 오른쪽과 대칭으로 뜬다.

※ 앞판

1 3.5mm 대바늘로 37코(40코)를 잡아 메리야스뜨기 11단을 뜨고 12단째 안뜨기 부분을 겉뜨기로 뜬다(접히는 경계선).

2 이어서 메리야스뜨기로 78단(86단)을 더 뜬다.

3 진동 줄임은 뒤판과 동일한 방법으로 하고, 9~12단은 가터뜨기로 뜨고 나머지 30단은 멍석뜨기로 뜬다.

4 앞목 파임은 1단째 4코를 1번, 2단째 3코를 2번, 2단째 2코를 1번, 2단째 1코를 2번 줄이고 9단(11단)을 뜬다.

※ 마무리

1 몸판의 겉과 겉을 마주대고 덮어씌우기로 어깨를 잇는다.

2 앞뒤 몸판의 옆선을 돗바늘로 꿰맨다.

3 몸판 아랫단 12단은 안으로 접어 넣어 감침질한다.

4 3mm 대바늘로 앞목 둘레에서 20코(21코)씩, 뒷목에서 24코를 주워 메리야스뜨기 18단을 뜨고 코막음한다(단, 10단째는 접히는 경계선이므로 겉뜨기로 뜬다). 안으로 접어 넣어 감침질한다.

5 앞섶 단은 3mm 대바늘로 82코(89코)를 주워 메리야스뜨기와 가터뜨기로 18단을 뜨고 코막음한다(단, 10단째는 접히는 경계선이므로 겉뜨기로 뜬다). 안으로 접어 넣어 감침질한다.

6 8cm의 실을 3cm 정도의 물건에 감아 위아래를 커팅해서 작은 태슬을 만든다. 앞판의 가터뜨기한 부분에 2cm 간격으로 태슬을 단다.

7 삼각형으로 자른 색색의 스웨이드를 각각 4개씩 태슬을 단 윗부분에 나란히 꿰맨다.

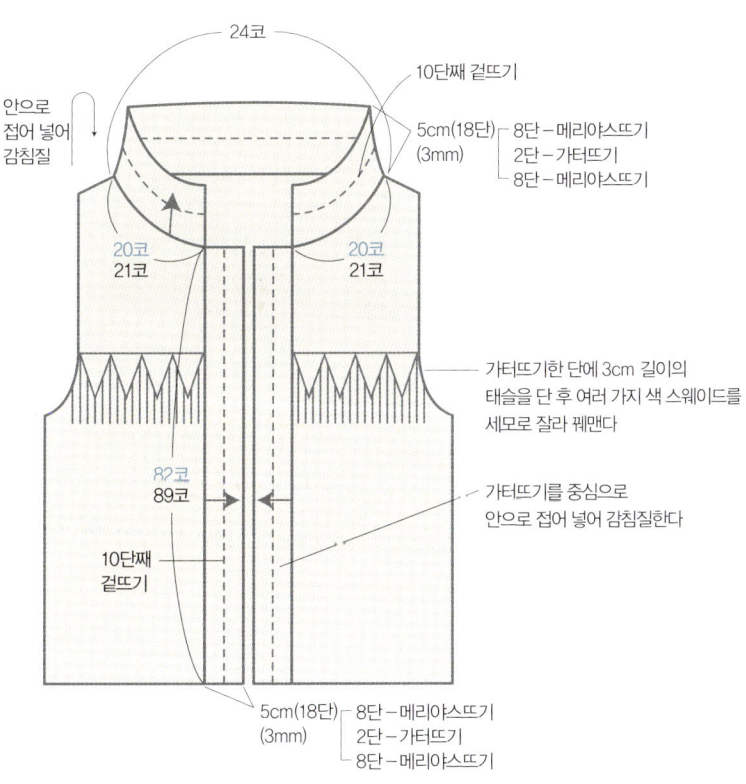

P.44

## 레인보 반소매 풀오버
*Rainbow Colored Pullover*

### ► READY

**완성치수** 가슴둘레 | 66cm(4~5세), 72cm(6~7세)  옷 길이 | 44.5cm(4~5세), 47.5cm(6~7세)

**재료** 실 | 메리노 울사 연회색 5볼(200g), 핫 핑크색, 초록색, 노란색 20g씩
바늘 | 3.5mm · 4mm 대바늘

**게이지** 22코×28단(10cm² 메리야스뜨기)

### ► HOW TO MAKE

❈ 뒤판 ❈

1  4mm 대바늘로 56코(62코)를 잡아 메리야스뜨기 20단을 뜨는데, 양옆에서 3단째 1코를 1번, 2단째 1코를 8번 늘리고 1단 뜬다. 이때 도안처럼 4단마다 실을 바꿔가며 배색한다(56단까지).

2  이어서 메리야스뜨기 58단(68단)을 더 뜬다.

3  진동 소매에서 양쪽으로 10코씩 감아 코로 늘리고 36단까지 뜬다. 양쪽 끝의 5코씩은 1코 고무뜨기로 뜬다.

4  뒷목 파임은 오른쪽 어깨코 33코(36코)와 뒷목 파임 2코를 더해 총 35(38코)코를 뜨고 되돌려 2단에 2코를 1번 줄여 뒷목 파임을 하고 2단을 더 뜬다.

5  새로 실을 걸어 가운데 24코를 코막음하고 왼쪽 어깨를 오른쪽과 대칭으로 뜬다.

6  라운드 형태로 떠놓은 밑선의 양 사선에서 27코씩, 가운데 54코(60코)를 주워 거꾸로(아래로) 2코 고무뜨기 8단을 뜬 다음 돗바늘로 마무리한다.

♦ 파란색 표기 | 4~5세용
♦ 검은색 표기 | 6~7세용

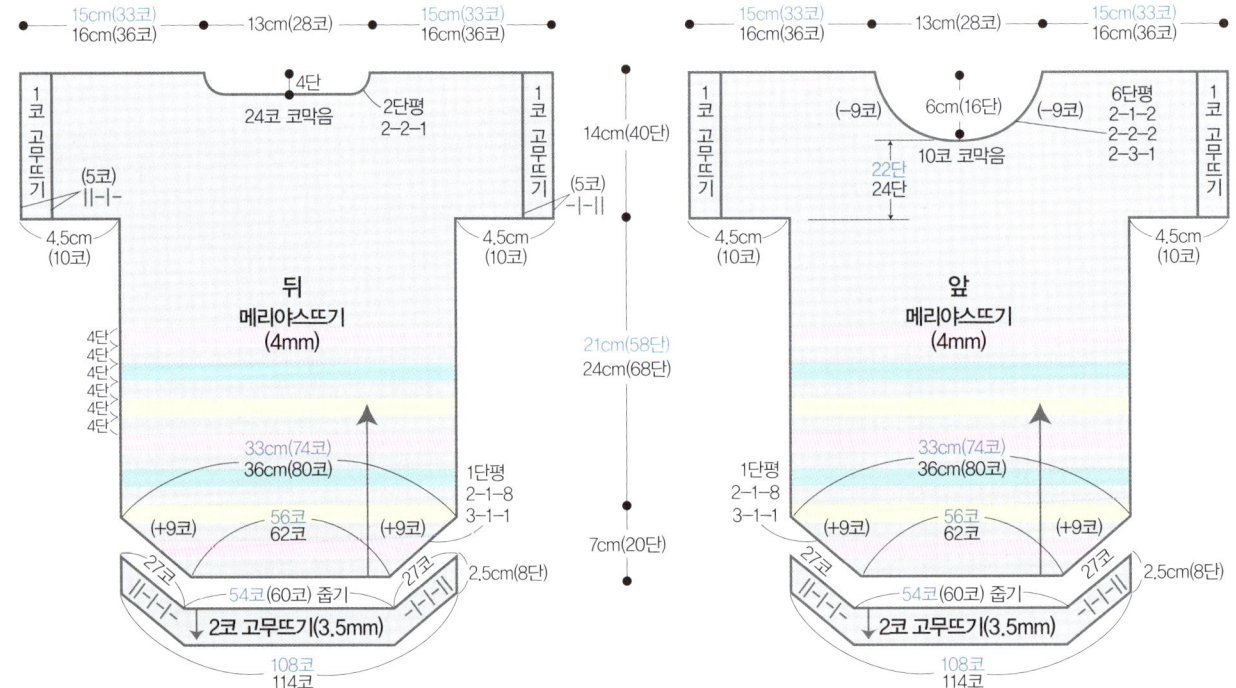

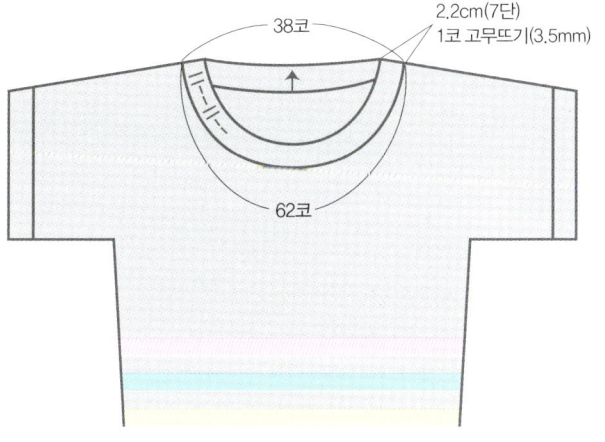

※ 앞판 ※

1. 4mm 대바늘로 56코(62코)를 잡아 메리야스뜨기 20단을 뜨는데, 양옆에서 3단째 1코를 1번, 2단째 1코를 8번 늘리고 1단 뜬다. 이때 도안과 같이 4단마다 실을 바꿔가며 배색한다(56단까지).
2. 이어서 메리야스뜨기 58단(68단)을 더 뜬다.
3. 진동 소매는 뒤판과 동일하게 뜨고 24단까지 뜬다.
3. 진동 줄임은 뒤판과 동일한 방법으로 하며 22단(24단)까지 뜬다.
4. 왼쪽 앞목 파임은 33코를 뜨고 되돌려 2단째 3코를 1번, 2단째 2코를 2번, 2단째 1코를 2번 줄이고 6단을 뜬다.
5. 새로 실을 걸어 10코를 코막음하고 오른쪽 앞목 파임도 왼쪽과 동일한 방법으로 한다.
6. 뒤판과 동일하게 밑단 8단을 뜨고 마무리한다.

※ 마무리 ※

1. 몸판의 겉과 겉을 마주대고 덮어씌우기로 어깨를 잇는다.
2. 앞뒤 몸판과 소매의 옆선을 돗바늘로 꿰맨다.
3. 3.5mm 대바늘로 앞목 둘레에서 62코, 뒷목에서 38코를 주워 원형으로 1코 고무뜨기 7단을 뜨고 돗바늘로 마무리한다.

P.46

## 빈티지 블루 스웨터
*Vintage Blue Sweater*

◆ 파란색 표기  4~5세용
◆ 검은색 표기  6~7세용

### ▶ READY ◀

**완성치수** 가슴둘레 | 70cm(4~5세), 76cm(6~7세)  어깨 너비 | 27cm(4~5세), 30cm(6~7세)
옷 길이 | 42cm(4~5세), 45cm(6~7세)  소매 길이 | 33.5cm(4~5세), 36cm(6~7세)

**재료** 실 | 야크사 파란색 5볼(250g)  바늘 | 4mm · 4.5mm 대바늘

**게이지** 23코×29단(10cm² 무늬뜨기)

### ▶ HOW TO MAKE ◀

❋ 뒤판

1. 4mm 대바늘로 82코(88코)를 잡아 1코 고무뜨기 14단을 뜬다.
2. 4.5mm 대바늘로 바꿔 도안의 무늬뜨기로 68단(76단)을 뜬다. 이때 무늬뜨기 B로 넘어갈 때 6코를 분산 늘림하여 88코(94코)로 만들어서 뜬다.
3. 다시 6코를 분산 줄임하여 82코(88코)로 만들고 진동 줄임은 양쪽에서 1단째 3코를 1번, 2단째 2코를 2번, 2단째 1코를 2번, 4단째 1코를 1번 줄이고 27단(29단)을 증감 없이 더 뜬다.
4. 뒷목 파임과 어깨처짐을 동시에 하는데, 오른쪽 어깨코 16코(18코)와 뒷목 파임 2코를 더해 총 18코(20코)를 뜨고 되돌려 2단에 1코를 2번 줄여 뒷목 파임을 하고 2단을 더 뜬다. 동시에 5코(6코)를 2번 되돌려가며 어깨처짐을 한다.
5. 새로 실을 걸어 가운데 26코(28코)를 코막음하고 왼쪽 어깨를 오른쪽과 대칭으로 뜬다.

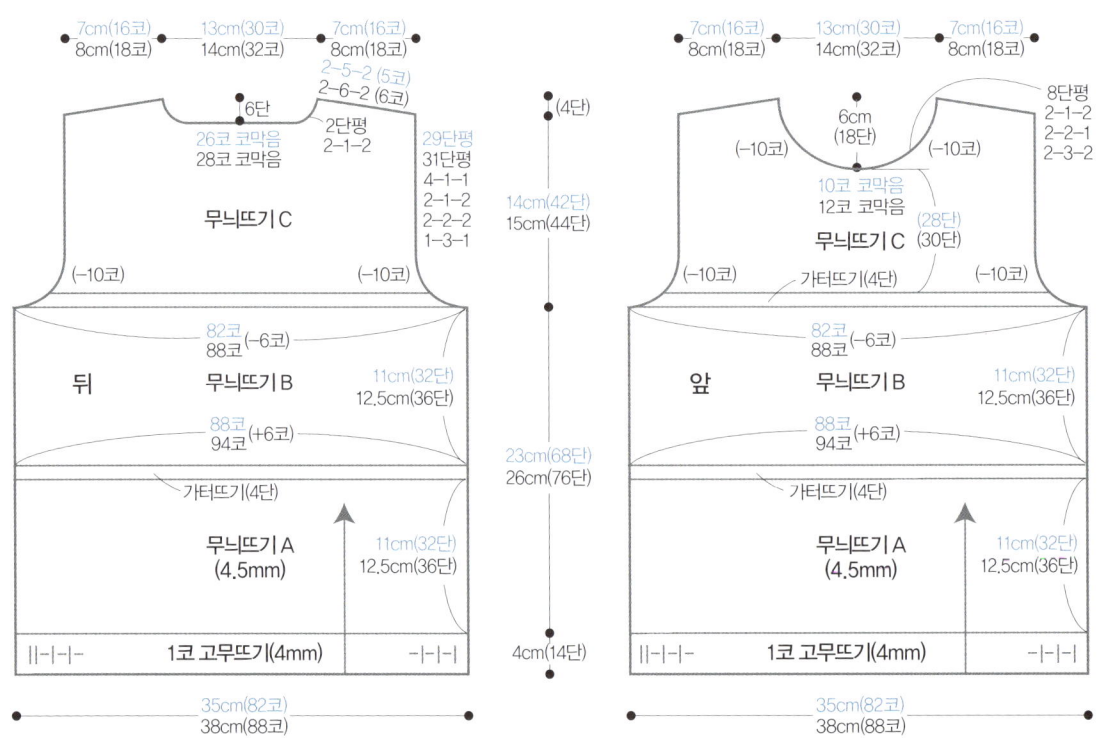

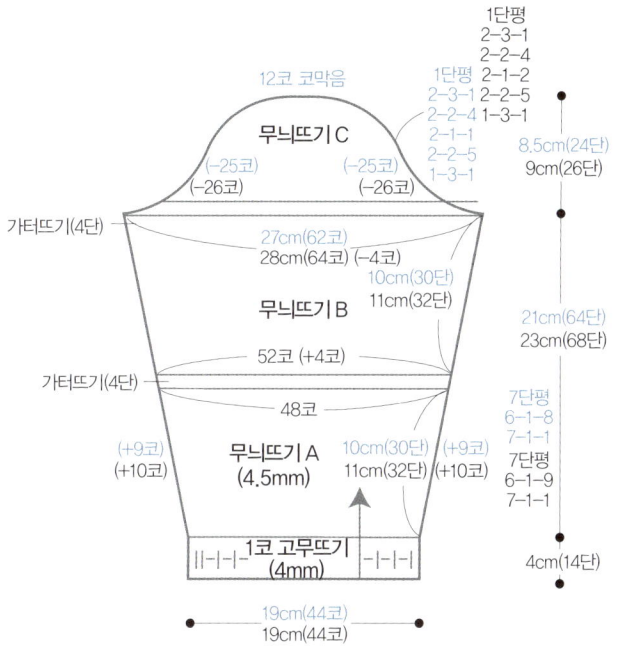

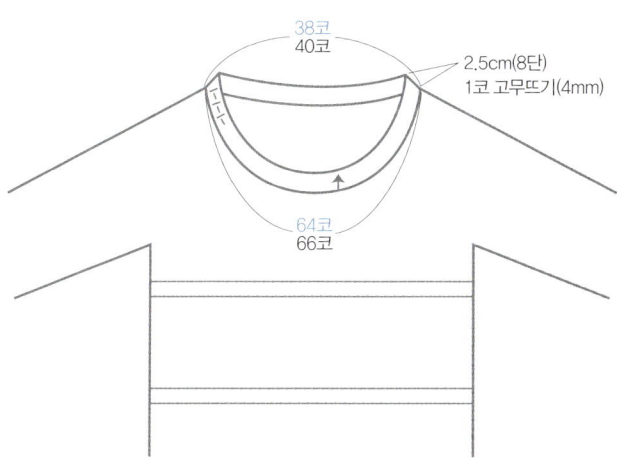

※ **앞판** ※

1. 4mm 대바늘로 82코(88코)를 잡아 1코 고무뜨기 14단을 뜬다.
2. 4.5mm 대바늘로 바꿔 무늬뜨기로 뜨면서 68단(76단)을 뜬다. 무늬뜨기 A에서 무늬뜨기 B로 넘어갈 때 6코를 분산 늘림하여 88코(94코)로 만들어서 뜬다.
3. 다시 6코를 분산 줄임하여 82코(88코)로 만들고 진동 줄임은 뒤판과 동일한 방법으로 하며 28단(30단)까지 뜬다.
4. 왼쪽 앞목 파임은 26코(28코)를 뜨고 되돌려 2단째 3코를 2번, 2단째 2코를 1번, 2단째 1코를 2번 줄이고 8단을 뜬다.
5. 새로 실을 걸어 10코(12코)를 코막음하고 오른쪽 앞목 파임은 왼쪽과 동일하게 한다.

※ **소매** ※

1. 4mm 대바늘로 44코를 잡아 1코 고무뜨기 14단을 뜬다.
2. 4.5mm 대바늘로 바꿔 도안의 무늬뜨기로 64단(68단)을 뜨는데, 양옆에서 7단째 1코를 1번, 6단째 1코를 8번(9번) 늘리고 7단을 뜬다. 이때도 무늬뜨기 B로 넘어갈 때 4코를 분산 늘림하고 다시 무늬뜨기 C로 갈 때 4코를 분산 줄임한다.
   ⊙ A·B·C무늬뜨기는 게이지가 서로 다르므로 일정한 폭으로 뜨기 위해서는 코를 줄였다 늘렸다 해야 한다.
3. 소매 곡선은 양 끝에서 1단째 3코를 1번, 2단째 2코를 5번, 2단째 1코를 1번(2번), 2단째 2코를 4번, 2단째 3코를 1번 줄이고 1단을 뜬다. 남은 12코는 코막음한다.

※ **마무리** ※

1. 몸판의 겉과 겉을 마주대고 덮어씌우기로 어깨를 잇는다.
2. 앞뒤 몸판과 소매의 옆선은 돗바늘로 꿰맨다.
3. 몸판의 진동 둘레와 소매의 곡선을 겉끼리 마주대고 빼뜨기로 잇는다.
4. 4mm 대바늘로 앞목 둘레에서 64코(66코), 뒷목에서 38코(40코)를 주워 원형으로 1코 고무뜨기 8단을 뜨고 돗바늘로 마무리한다.

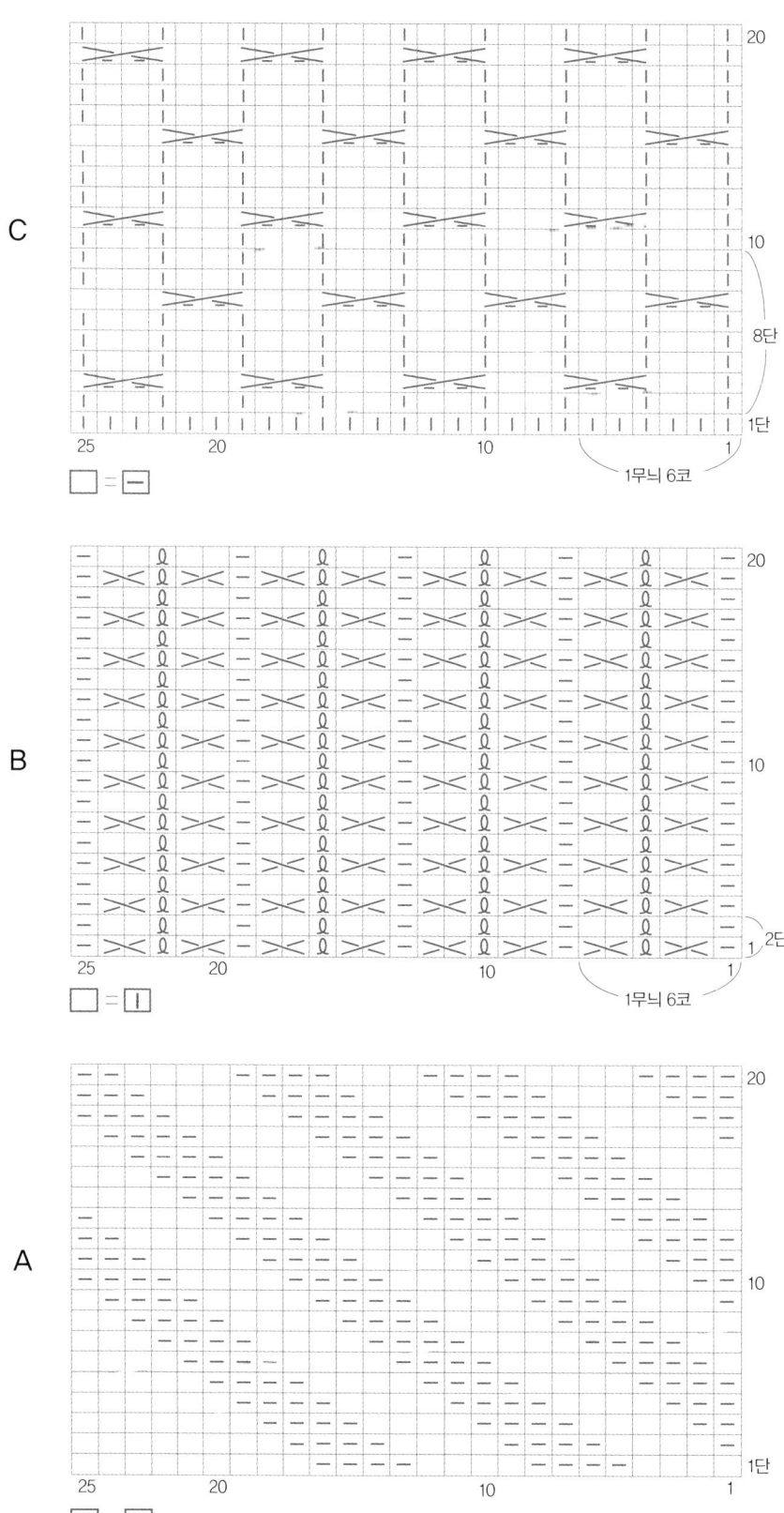

P.48

## 잰틀맨 스웨터
*Gentleman's Sweater*

• 파란색 표기  4~5세용
• 검은색 표기  6~7세용

▶ READY ◀

**완성치수** 가슴둘레 | 70cm(4~5세), 76cm(6~7세)   어깨 너비 | 27cm(4~5세), 30cm(6~7세)
옷 길이 | 43cm(4~5세), 47cm(6~7세)   소매 길이 | 33.5cm(4~5세), 36cm(6~7세)

**재료** 실 | 합성 울사 카키색 5볼(125g), 파란색 4볼(100g), 아이보리색 1볼(25g)
바늘 | 3.5mm · 4mm 대바늘

**게이지** 24코×34단(10cm² 메리야스뜨기)

▶ HOW TO MAKE ◀

※ 뒤판

1  3.5mm 대바늘로 카키색 실을 사용해 84코(90코)를 잡아 1코 고무뜨기 14단을 뜬다.

2  4mm 대바늘로 바꿔 배색표대로 배색하며 메리야스뜨기 80단(88단)을 뜬다.

3  진동 줄임은 양쪽에서 1단째 3코를 1번, 2단째 2코를 1번, 2단째 1코를 3번, 4단째 1코를 1번 줄이고 33단(35단)을 증감 없이 더 뜬다.

4  뒷목 파임과 어깨처짐을 동시에 하는데 오른쪽 어깨코 17코(19코)와 뒷목 파임 2코를 더해 총 19코(21코)를 뜨고 되돌려 2단에 1코를 2번 줄여 뒷목 파임을 하고 2단을 더 뜬다. 동시에 6코를 2번 되돌려가며 어깨처짐을 한다.

5  새로 실을 걸어 가운데 28코(30코)를 코막음하고 왼쪽 어깨를 오른쪽과 대칭으로 뜬다.

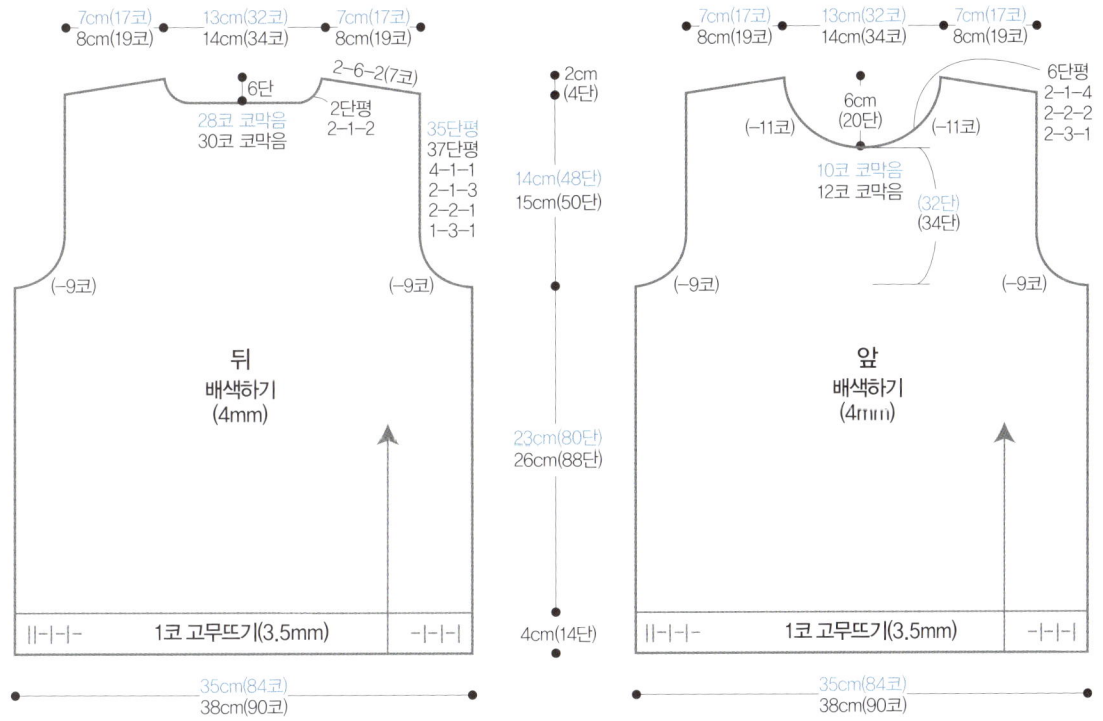

※ 앞판 ※

1. 3.5mm 대바늘로 카키색 실을 사용해 84코(90코)를 잡아 1코 고무뜨기 14단을 뜬다.
2. 4mm 대바늘로 바꿔 배색표대로 배색하며 메리야스뜨기 80단(88단)을 뜬다.
3. 진동 줄임은 뒤판과 동일한 방법으로 하며 32단(34단)을 뜬다.
4. 왼쪽 앞목 파임은 28코(30코)를 뜨고 되돌려 2단째 3코를 1번, 2단째 2코를 2번, 2단째 1코를 4번 줄이고 6단을 뜬다.
5. 새로 실을 걸어 10코(12코)를 코막음하고 오른쪽 앞목 파임은 왼쪽과 동일한 방법으로 한다.

※ 소매 ※

1. 3.5mm 대바늘로 카키색 실을 사용해 48코를 잡아 1코 고무뜨기 14단을 뜬다.
2. 4mm 대바늘로 바꿔 배색표대로 배색하며 메리야스뜨기 72단(78단)을 뜨는데 양옆에서 7단째 1코를 1번, 8단째 1코를 7번 늘리고 9단을 뜬다(6~7세용은 7단째 1코를 1번, 6단째 1코를 4번, 8단째 1코를 5번 늘리고 7단을 뜬다).
3. 소매 곡선은 양 끝에서 1단째 3코를 1번, 2단째 2코를 4번, 2단째 1코를 4번(5번), 2단째 2코를 4번, 2단째 3코를 1번 줄이고 1단을 뜬다. 남은 12코(14코)는 코막음한다.

※ 마무리 ※

1. 몸판의 겉과 겉을 마주대고 덮어씌우기로 어깨를 잇는다.
2. 앞뒤 몸판과 소매의 옆선을 돗바늘로 꿰맨다.
3. 몸판의 진동 둘레와 소매의 곡선을 겉끼리 마주대고 빼뜨기로 잇는다.
4. 3.5mm 대바늘로 앞목 둘레에서 62코(64코), 뒷목에서 44코(46코)를 주워 원형으로 1코 고무뜨기 10단을 뜨고 돗바늘로 마무리한다.

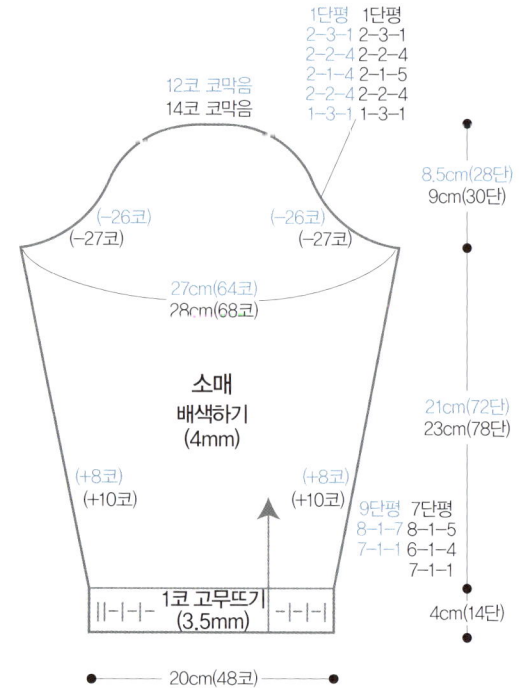

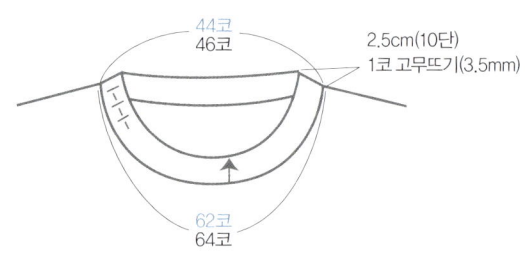

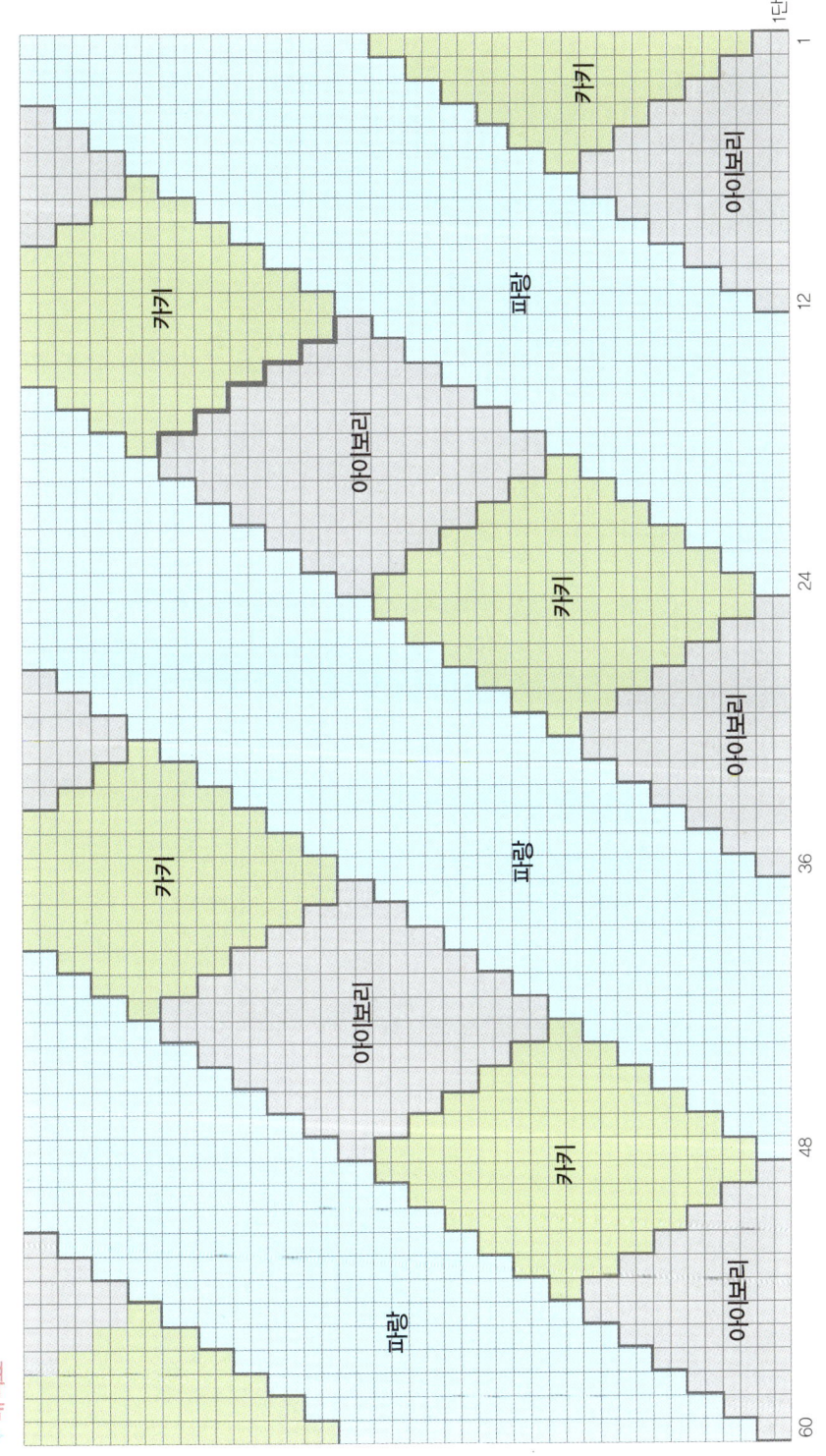

P.50

## 벌집 스웨터
Honeycomb Patterned Sweater

• 파란색 표기 | 4~5세용
• 검은색 표기 | 6~7세용

### READY

**완성치수** | 가슴둘레 | 70cm(4~5세), 76cm(6~7세)   어깨 너비 | 27cm(4~5세), 30cm(6~7세)
옷 길이 | 41cm(4~5세), 44cm(6~7세)   소매 길이 | 32.5cm(4~5세), 35cm(6~7세)

**재료** 실 | 합성 모사 체리 핑크색 6볼(240g)
바늘 | 4mm · 5mm 대바늘

**게이지** 18코×42단(10cm² 무늬뜨기)

### HOW TO MAKE

❋ 뒤판 ❋

1. 4mm 대바늘로 78코(84코)를 잡아 1코 고무뜨기 12단을 뜬다.
2. 5mm 대바늘로 바꿔 15코를 분산 줄임하여 63코(69코)로 만들고 벌집무늬로 98단(110단)을 뜬다.
   ◎ 벌집무늬 뜨는 법은 유튜브에서 '벌집무늬 뜨는 법'이나 '최현경의 손뜨개 짜임'을 검색해서 참조.
3. 진동 줄임은 양쪽에서 1단째 3코를 1번, 2단째 2코를 1번, 2단째 1코를 1번(2번), 4단째 1코를 1번 줄이고 47단(49단)을 증감 없이 더 뜬다.
4. 뒷목 파임은 오른쪽 어깨코 13코(14코)와 뒷목 파임 2코를 더해 총 15코(16코)를 뜨고 되돌려 2단에 2코를 1번 줄여 뒷목 파임을 하고 2단을 더 뜬다.
5. 새로 실을 걸어 가운데 19코(21코)를 코막음하고 왼쪽 어깨를 오른쪽과 대칭으로 뜬다.

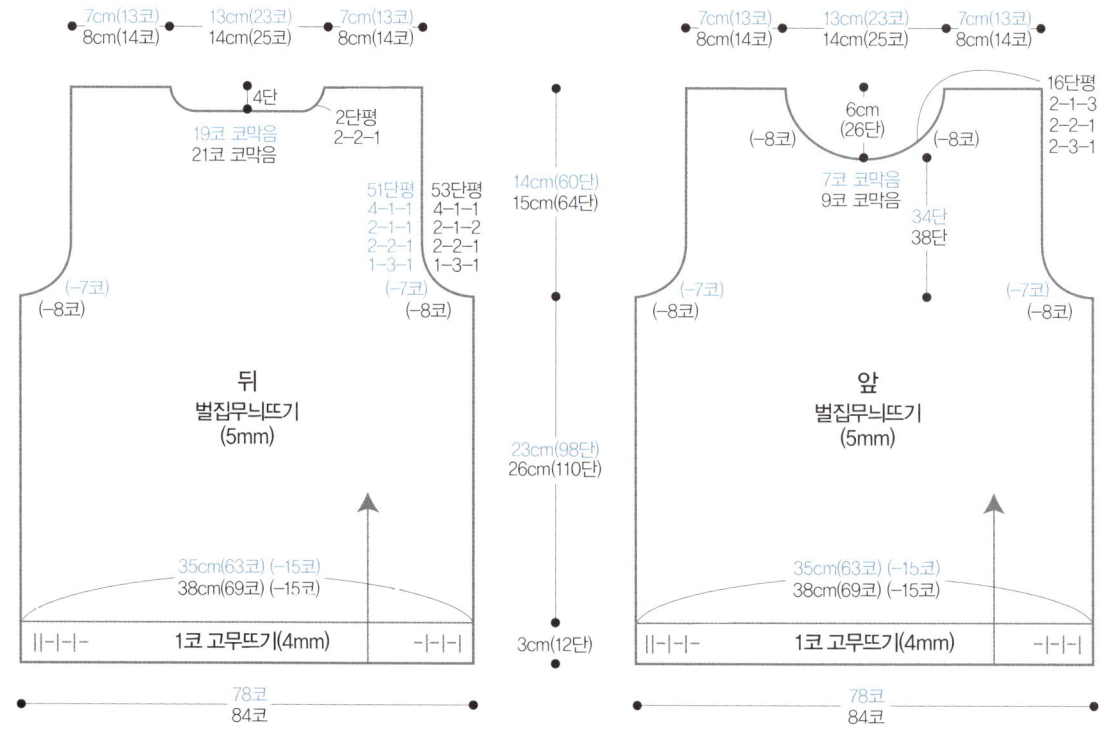

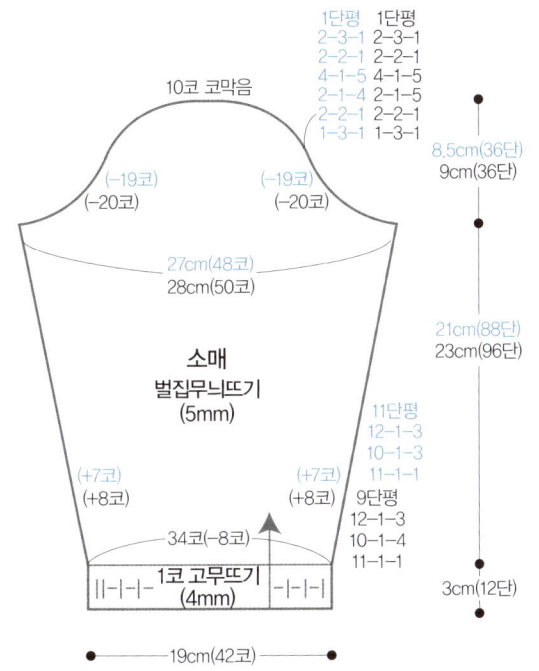

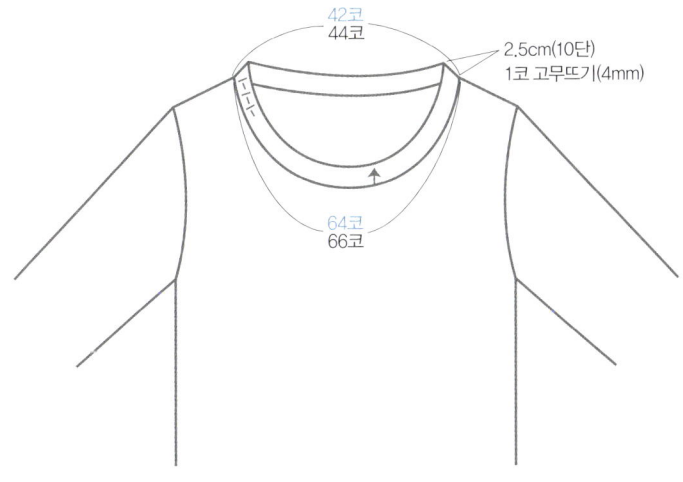

### ❊ 앞판 ❊

1. 4mm 대바늘로 78코(84코)를 잡아 1코 고무뜨기 12단을 뜬다.
2. 5mm 대바늘로 바꿔 15코를 분산 줄임하여 63코(69코)로 만들고 벌집무늬로 98단(110단)을 뜬다.
3. 진동 줄임은 뒤판과 동일한 방법으로 하며 34단(38단)까지 뜬다.
4. 왼쪽 앞목 파임은 21코(22코)를 뜨고 되돌려 2단째 3코를 1번, 2단째 2코를 1번, 2단째 1코를 3번 줄이고 16단을 뜬다.
5. 새로 실을 걸어 7코(9코)를 코막음하고 오른쪽 앞목 파임은 왼쪽과 동일한 방법으로 한다.

### ❊ 소매 ❊

1. 4mm 대바늘로 42코를 잡아 1코 고무뜨기 12단을 뜬다.
2. 5mm 대바늘로 바꿔 8코를 분산 줄임하여 34코로 만들고 벌집무늬로 88단(96단)을 뜨는데, 양옆에서 11단째 1코를 1번, 10단째 1코를 3번(4번), 12단째 1코를 3번 늘리고 11단(9단)을 뜬다.
3. 소매 곡선은 양 끝에서 1단째 3코를 1번, 2단째 2코를 1번, 2단째 1코를 4번(5번), 4단째 1코를 5번, 2단째 2코를 1번, 2단째 3코를 1번 줄이고 1단을 뜬다. 남은 10코는 코막음한다.

### ❊ 마무리 ❊

1. 몸판의 겉과 겉을 마주대고 덮어씌우기로 어깨를 잇는다.
2. 앞뒤 몸판과 소매의 옆선을 돗바늘로 꿰맨다.
3. 몸판의 진동 둘레와 소매의 곡선을 겉끼리 마주대고 빼뜨기로 잇는다.
4. 4mm 대바늘로 앞목 둘레에서 64코(66코), 뒷목에서 42코(44코)를 주워 원형으로 1코 고무뜨기 10단을 뜨고 돗바늘로 마무리한다.

P.52

### ▶ READY

**완성치수** | 가슴둘레 | 76cm(4~5세), 80cm(6~7세)  소매 길이 | 30cm(4~5세), 33cm(6~7세)
옷 길이 | 43cm(4~5세), 46cm(6~7세)

**재료** | 실 | 베이비 알파카사 갈색 복합 6볼(300g)
바늘 | 6mm·6.5mm·7mm 대바늘
부재료 | 45cm 길이 지퍼 1개, 스웨이드 약간

**게이지** | 13코×19단(10cm² 메리야스뜨기)

## 사냥꾼 지프업 점퍼
*Hunter's Zeep-up Jumper*

### ▶ HOW TO MAKE

❉ 뒤판 ❉

1. 6.5mm 대바늘로 50코(54코)를 잡아 2코 고무뜨기 10단을 뜬다.
2. 이어서 메리야스뜨기로 40단(44단)을 더 뜬다
3. 진동 줄임은 양쪽에서 2코씩 코막음하고, 2단째 1코를 3번 줄이고 증감 없이 21단(23단)까지 뜬다.
4. 뒷목 파임과 어깨처짐을 동시에 하는데 오른쪽 어깨코 12코(14코)와 뒷목 파임 2코를 더해 총 14코(16코)를 뜨고 되돌려 2단에 1코를 2번 줄여 뒷목 파임을 하고 2단을 더 뜬다. 동시에 4코(5코)를 2번 되돌려가며 어깨처짐을 한다.
5. 새로 실을 걸어 가운데 12코를 코막음하고 왼쪽 어깨를 오른쪽과 대칭으로 뜬다.

• 파란색 표기 | 4~5세용
• 검은색 표기 | 6~7세용

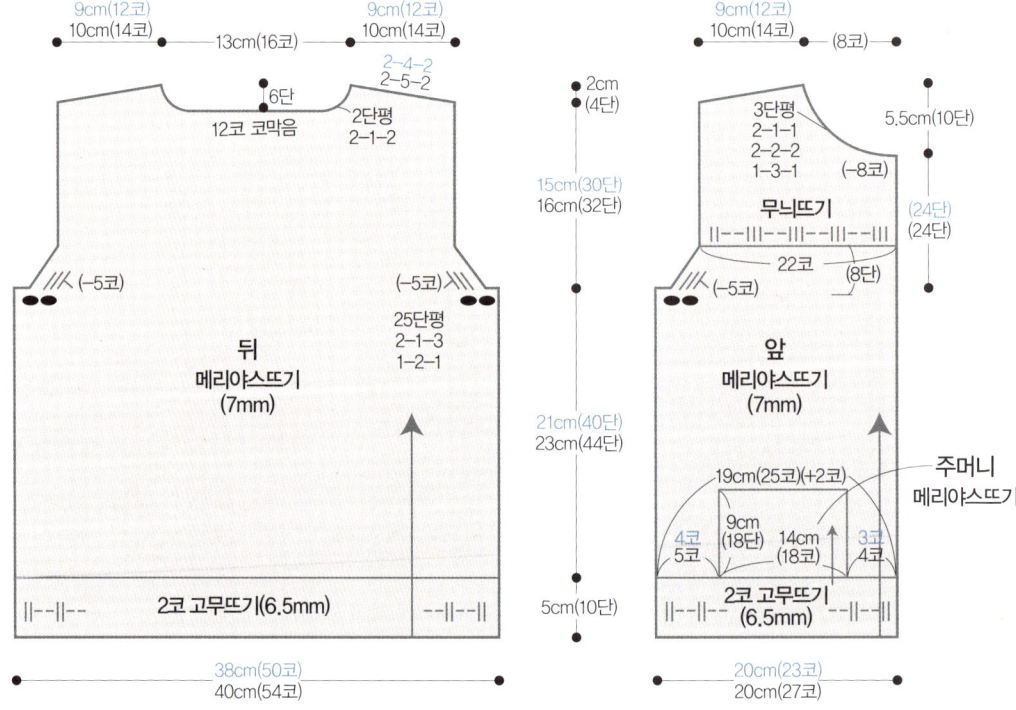

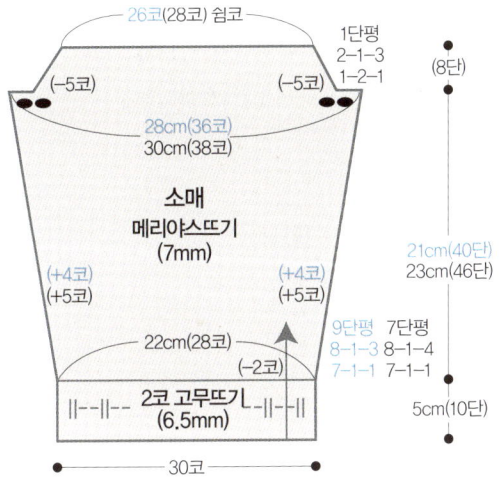

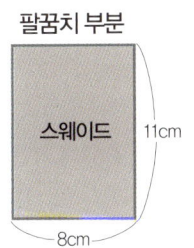

### ※ 앞판 ※

1. 6.5mm 대바늘로 23코(27코)를 잡아 2코 고무뜨기 10단을 뜬다.
2. 이어서 메리야스뜨기로 40단(44단)을 더 뜬다
   ※ 4~5세용은 메리야스뜨기 첫째 단을 뜰 때 2코를 늘려 25코로 만든 다음 40단을 이어 뜬다.
3. 진동 줄임은 뒤판과 동일한 방법으로 하며 8단까지 뜬다. 남은 16단(18단)은 무늬뜨기로 뜬다.
4. 앞목 파임은 1단째 3코를 1번, 2단째 2코를 2번, 2단째 1코를 1번 줄이고 3단을 더 뜬다. 동시에 뒤판과 동일하게 어깨처짐을 한다.
5. 주머니는 밑단 고무뜨기단 위에서 시작하되 앞섶에서 3코(4코) 떨어진 곳에서부터 18코를 주워 메리야스뜨기 18단을 뜬 다음 몸판과 메리야스 잇기를 한다. 주머니 입구의 반대쪽 라인은 돗바늘로 꿰매 주머니를 완성한다.

### ※ 소매 ※

1. 6.5mm 대바늘로 30코를 잡아 2코 고무뜨기 10단을 뜬다.
2. 7mm 대바늘로 바꿔 2코를 분산 줄임하여 28코로 메리야스뜨기 40단(46단)을 뜨는데, 양옆에서 7단째 1코를 1번, 8단째 1코를 3번(4번) 늘리고 9단(7단)을 뜬다.
3. 소매산 부분은 양쪽으로 2코씩 코막음하고, 2단째 1코를 3번 줄이고 1단을 뜬다. 남은 26코(28코)는 쉼코로 놔둔다.
4. 팔꿈치 부분에 스웨이드 패치를 단다.

### ※ 마무리 ※

1. 앞뒤 몸판의 옆선과 소매의 옆선을 돗바늘로 꿰맨다.
2. 몸판의 진동 부분과 소매산 부분을 돗바늘로 잇는다.
3. 목둘레 단은 6mm 대바늘로 앞목 둘레에서 17코씩, 뒷목에서 23코를 주워 1코 고무뜨기 22단을 뜨고 코막음 한다. 안으로 반을 접어 넣고 감침질한다.
4. 앞섶은 코바늘 6호를 사용해 2단에 1코씩 빼뜨기하고 지퍼를 단다.

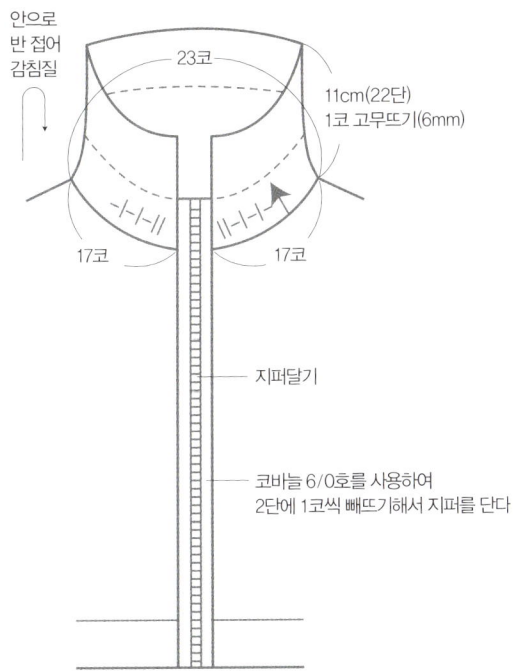

P.54

## 윈터 요정 원피스
*Winter Fairy's Dress*

• 파란색 표기  4~5세용
• 검은색 표기  6~7세용

### READY

**완성치수** 가슴둘레 : 62cm(4~5세), 66cm(6~7세)  어깨 너비 : 22cm(4~5세), 24cm(6~7세)
         옷 길이 : 49cm(4~5세), 53cm(6~7세)

**재료** 실 : 유기 코튼사 아이보리색 6볼(240g)
      바늘 : 3.5mm·4mm 대바늘
      부재료 : 아이보리색 망사 레이스 1마, 지름 1cm 단추 1개

**게이지** 20코×28단(10cm² 메리야스뜨기)

### HOW TO MAKE

❊ 뒤판 ❊

1  4mm 대바늘로 98코(110코)를 잡아 무늬뜨기 16단을 뜬다.
2  이어서 메리야스뜨기 86단(96단)을 뜨는데 도안에 표기된 4곳에서 7단째(9단째) 1코 1번, 8단째 4코 9번(10번)을 줄임하고 7단을 뜬다.
3  진동 줄임은 양쪽에서 1단째 3코를 1번, 2단째 2코를 1번, 2단째 1코를 3번, 4단째 1코를 1번 줄이고 11단(13단)까지 뜬다.
4  입고 벗기 편리하도록 뒷목 라인을 갈라 뜨는데, 오른쪽 22코만 14단을 뜨고 뒷목 파임 10코를 한다.
5  새로 실을 걸어 가운데 남아 있는 22코를 14단 뜨고 오른쪽과 대칭으로 2단에 의해 뒷목 파임을 한다.

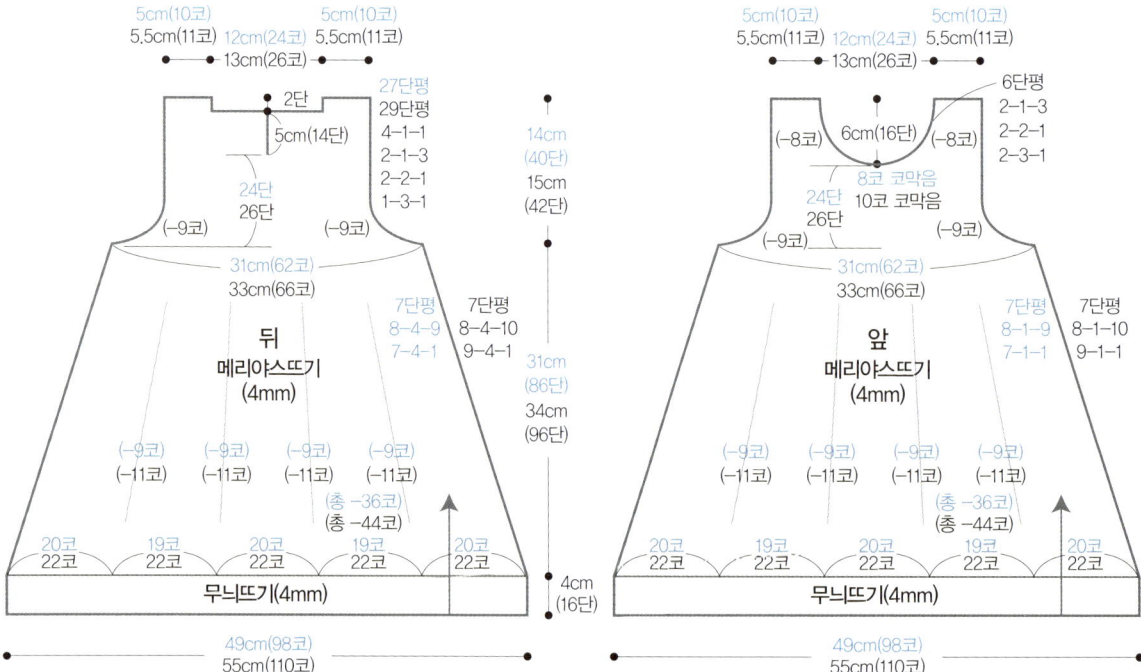

✣ 무늬뜨기

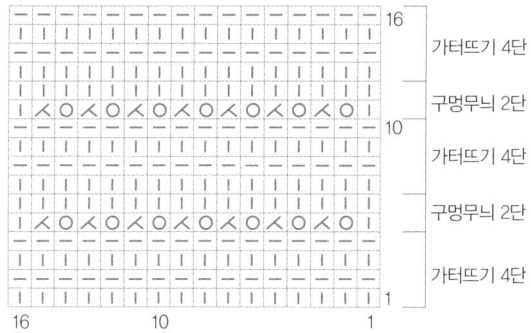

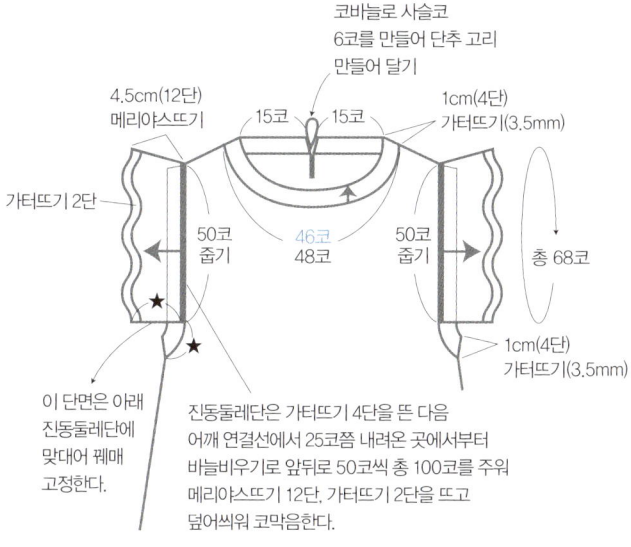

❋ 앞판 ❋

1. 4mm 대바늘로 98코(110코)를 잡아 무늬뜨기 16단을 뜬다.
2. 이어서 메리야스뜨기 86단(96단)을 뜨는데, 뒤판과 동일하게 도안에 표기된 4곳에서 7단째(9단째) 1코 1번, 8단째 1코 9번(10번) 줄임하고 7단을 뜬다.
3. 진동 줄임은 뒤판과 동일한 방법으로 하며 24단(26단)을 뜬다.
4. 왼쪽 앞목 파임은 18코(19코)를 뜨고 되돌려 2단째 3코를 1번, 2단째 2코를 1번, 2단째 1코를 3번 줄이고 6단을 뜬다.
5. 새로 실을 걸어 8코(10코)를 코막음하고 오른쪽 앞목 파임은 왼쪽과 동일한 방법으로 한다.

❋ 마무리 ❋

1. 몸판의 겉과 겉을 마주대고 덮어씌우기로 어깨를 잇는다.
2. 앞뒤 몸판의 옆선을 돗바늘로 꿰맨다.
3. 3.5mm 대바늘로 뒷목 중심에서부터 코를 주워 뒷목에서 15코씩, 앞목 둘레에서 46코(48코), 가터뜨기 4단을 뜨고 코막음한다.
4. 코바늘로 사슬코 6코를 만들어 고리로 뒷목에 달고 작은 단추도 단다.
5. 진동둘레단은 3.5mm 대바늘로 총 68코를 주워 원통으로 가터뜨기 4단을 뜨고 코막음한다.
6. 소매 날개 부분은 진동둘레단의 가터뜨기를 떴던 곳에서 앞뒤로 각각 50코씩(어깨 라인에서 약 25코쯤 내려온 곳에서부터 코를 줍는다. 바늘비우기로 콧수를 배로 주워야 셔링이 만들어진다) 총 100코를 주워 메리야스뜨기 12단, 가터뜨기 2단을 뜨고 코막음한다. 옆 단면은 몸판의 진동 부분에 꿰매고 레이스는 살짝 주름을 잡아 날개 안쪽에 꿰맨다.

P.56

## 노르딕 패턴 베스트
### Nordic Patterned Vest

• 파란색 표기 : 4~5세용
• 검은색 표기 : 6~7세용

### ★ READY

**완성치수** 가슴둘레 : 66cm(4~5세), 72cm(6~7세)  어깨 너비 : 28cm(4~5세), 30cm(6~7세)
옷 길이 : 40cm(4~5세), 44cm(6~7세)

**재료** 실 : 알파카 울사 검정색 4볼(160g), 아이보리색 1볼(40g)
바늘 : 4mm · 4.5mm 대바늘

**게이지** 22코×26단(10cm² 메리야스뜨기)

### ★ HOW TO MAKE

❋ 뒤판

1. 4mm 대바늘로 72코(80코)를 잡아 1코 고무뜨기 12단을 뜬다.
2. 4.5mm 대바늘로 바꿔 메리야스뜨기 54단(62단)을 뜬다. 이어서 도안의 배색표대로 배색을 하며 12단을 더 뜬다.
3. 진동 줄임은 양쪽에서 1단째 3코를 1번, 2단째 2코를 2번(3번), 2단째 1코를 2번, 4단째 1코를 1번 줄이고 23단을 증감 없이 더 뜬다.
4. 뒷목 파임은 오른쪽 어깨코 11코(13코)와 뒷목 파임 2코를 더해 총 13코(15코)를 뜨고 되돌려 2코를 줄여 뒷목 파임을 하고 2단을 더 뜬다.
5. 새로 실을 걸어 가운데 26코를 코막음하고 왼쪽 어깨를 오른쪽과 대칭으로 뜬다.

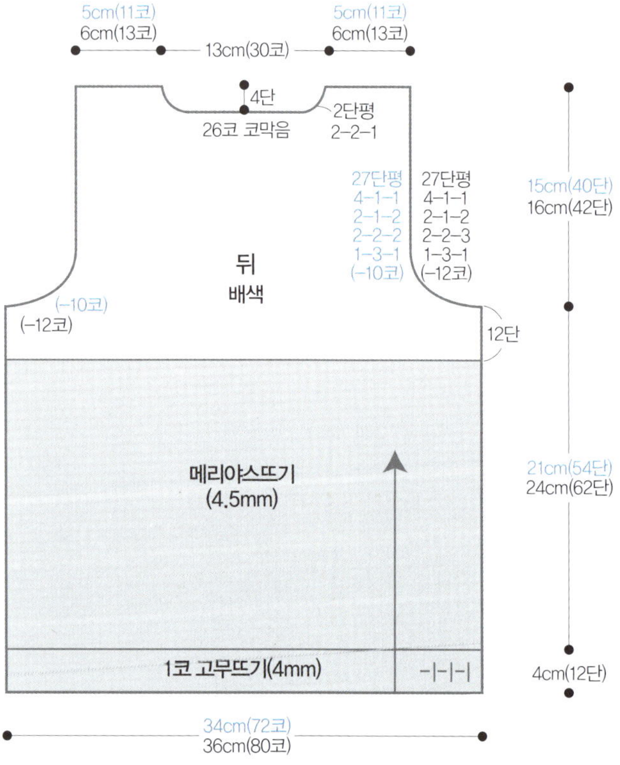

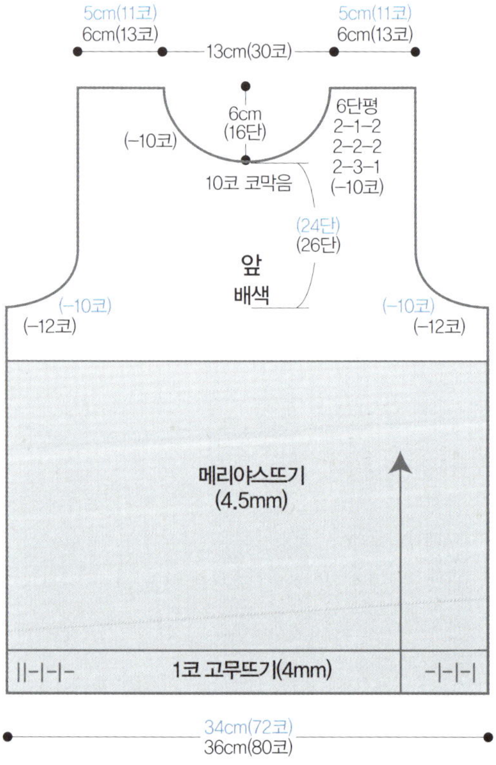

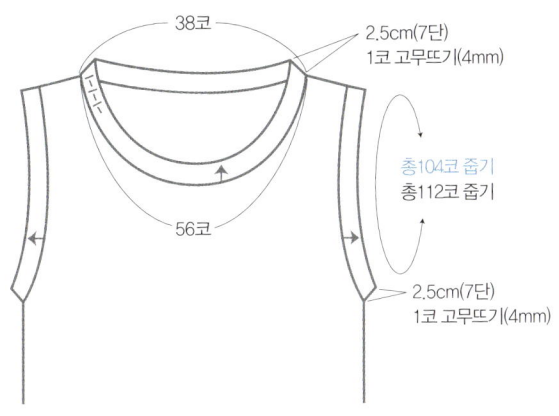

## ❆ 앞판 ❆

1. 4mm 대바늘로 72코(80코)를 잡아 1코 고무뜨기 12단을 뜬다.
2. 4.5mm 대바늘로 바꿔 메리야스뜨기 54단(62단)을 뜬다. 이어서 도안의 배색표대로 배색을 하며 12단을 더 뜬다.
3. 진동 줄임은 뒤판과 동일한 방법으로 하며 24단(26단)을 뜬다.
4. 왼쪽 앞목 파임은 23코를 뜨고 되돌려 2단째 3코를 1번, 2단째 2코를 2번, 2단째 1코를 2번 줄이고 6단을 뜬다.
5. 새로 실을 걸어 10코를 코막음하고 오른쪽 앞목 파임은 왼쪽과 동일하게 한다.

## ❆ 마무리 ❆

1. 몸판의 겉과 겉을 마주대고 덮어씌우기로 어깨를 잇는다.
2. 앞뒤 몸판의 옆선을 돗바늘로 꿰맨다.
3. 4mm 대바늘로 앞목 둘레에서 56코, 뒷목에서 38코를 주워 원형으로 1코 고무뜨기 7단을 뜨고 돗바늘로 마무리한다.
4. 진동둘레단은 4mm 대바늘로 총 104코(112코)를 주워 1코 고무뜨기 7단을 뜨고 돗바늘로 마무리한다.

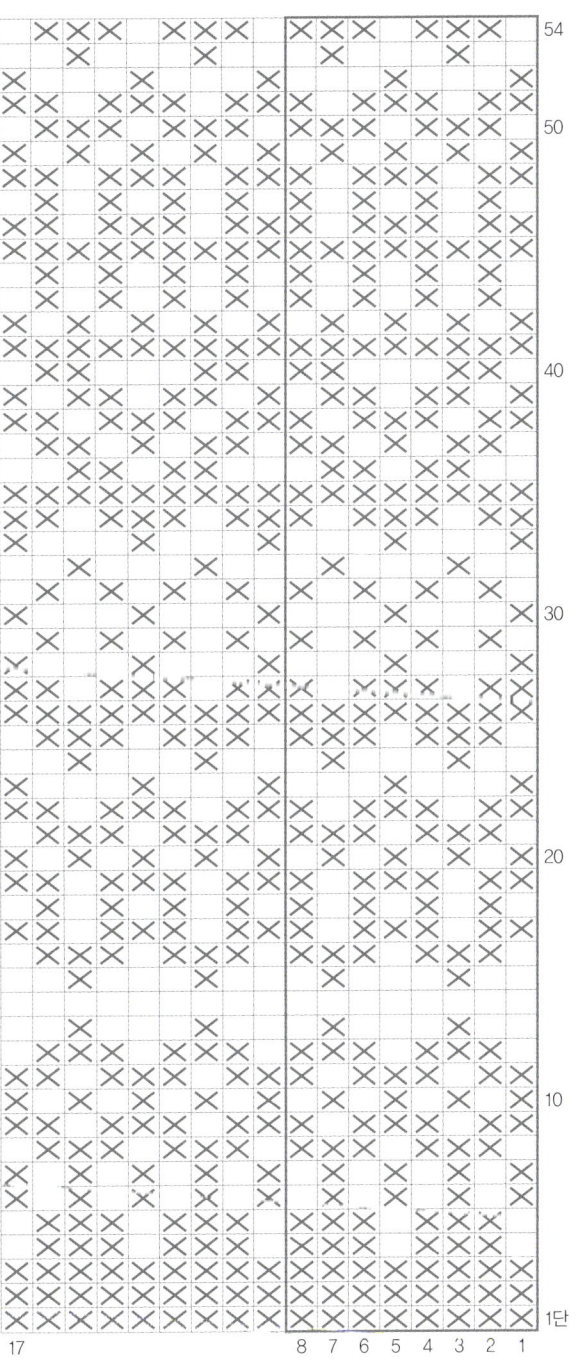

P.58

## 초록 봄봄 카디건
*Green Spring Cardigan*

▶ **READY**

**완성치수** 가슴둘레 | 66cm(4~5세), 70cm(6~7세)  어깨 너비 | 24cm(4~5세), 27cm(6~7세)
옷 길이 | 36.5cm(4~5세), 40cm(6~7세)  소매 길이 | 37cm(4~5세), 39cm(6~7세)

**재료** 실 | 베이비 코튼사 초록색 5볼(200g), 핫 핑크색 약간
바늘 | 3mm · 3.5mm 대바늘  부재료 | 지름 1.2cm 단추 5개

**게이지** 25코×34단(10cm² 무늬뜨기)

▶ **HOW TO MAKE**

❋ 뒤판 ❋

1. 3mm 대바늘로 83코(89코)를 잡아 1코 고무뜨기 14단(16단)을 뜬다.
2. 3.5mm 대바늘로 바꿔 무늬뜨기 66단(72단)을 뜬다.
3. 메리야스뜨기로 뜨면서 진동 줄임은 양쪽 끝에서 1단째 3코를 1번, 2단째 2코를 2번, 2단째 1코를 3번, 4단째 1코를 1번 줄이고 27단(31단)을 증감 없이 더 뜬다.
4. 뒷목 파임과 어깨처짐을 동시에 하는데, 오른쪽 어깨코 15코(16코)와 뒷목 파임 2코를 더해 총 17코(18코)를 뜨고 되돌려 2단에 1코를 2번 줄여 뒷목 파임을 하고 2단을 더 뜬다. 동시에 5코를 2번 되돌려가며 어깨처짐을 한다.
5. 새로 실을 걸어 가운데 27코(31코)를 코막음하고 왼쪽 어깨를 오른쪽과 대칭으로 뜬다.

• 파란색 표기 : 4~5세용
• 검은색 표기 : 6~7세용

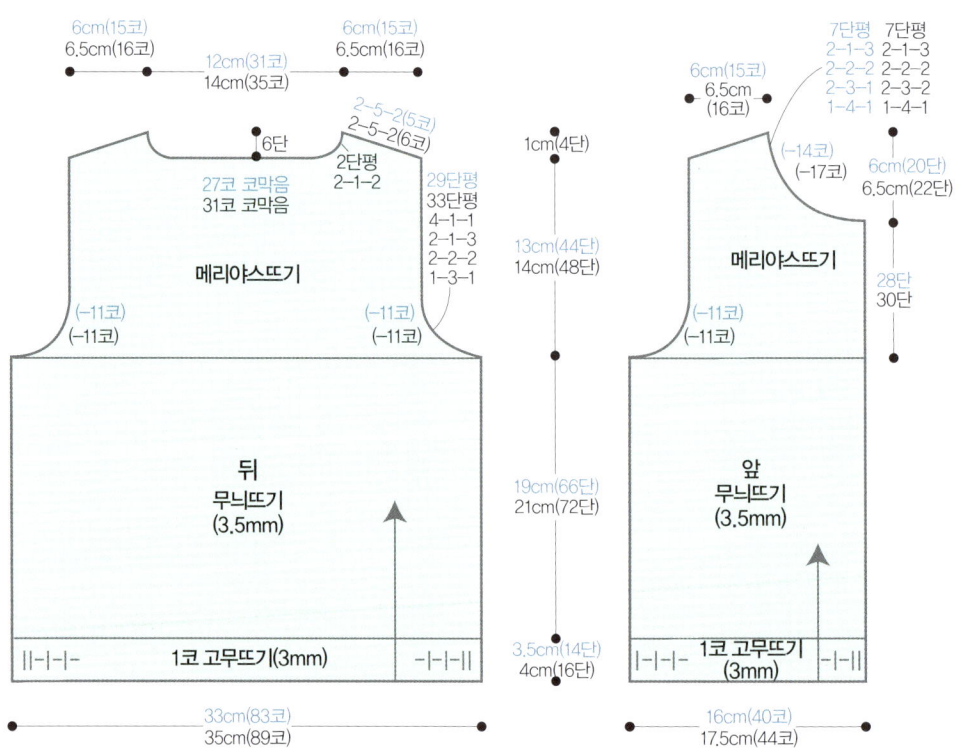

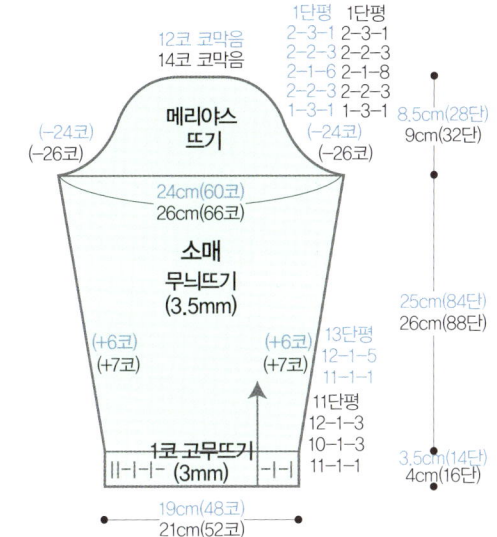

❖ 앞판 ❖

1. 3mm 대바늘로 40코(44코)를 잡아 1코 고무뜨기 14단(16단)을 뜬다.

2. 3.5mm 대바늘로 바꿔 무늬뜨기 66단(72단)을 뜬다.

3. 진동 줄임은 뒤판과 동일한 방법으로 하며 28단(30단)을 뜬다.

4. 앞목 파임은 1단째 4코를 1번, 2단째 3코를 1번(2번), 2단째 2코를 2번, 2단째 1코를 3번 줄이고 7단을 뜬다. 동시에 뒤판과 동일하게 어깨처짐을 한다.

❖ 소매 ❖

1. 3mm 대바늘로 48코(52코)를 잡아 1코 고무뜨기 14단(16단)을 뜬다.

2. 3.5mm 대바늘로 바꿔 무늬뜨기 84단(88단)을 뜨는데, 양옆에서 11단째 1코를 1번, 12단째 1코를 5번 늘리고 13단을 뜬다(6~7세용은 11단째 1코를 1번, 10단째 1코를 3번, 12단째 1코를 3번 늘리고 11단을 뜬다).

3. 소매 곡선은 메리야스뜨기로 양 끝에서 1단째 3코를 1번, 2단째 2코를 3번, 2단째 1코를 6번(8번), 2단째 2코를 3번, 2단째 3코를 1번 줄이고 1단을 뜬다. 남은 12코(14코)는 코막음한다.

❖ 마무리 ❖

1. 몸판의 겉과 겉을 마주대고 덮어씌우기로 어깨를 잇는다.

2. 앞뒤 몸판과 소매의 옆선을 돗바늘로 꿰맨다.

3. 몸판의 진동 둘레와 소매의 곡선을 돗바늘로 잇는다.

4. 3mm 대바늘로 앞목에서 30코(32코)씩, 뒷목에서 39코(43코)를 주워 1코 고무뜨기 8단을 뜨고 돗바늘로 마무리한다.

5. 3mm 대바늘로 앞여밈에서 93코(99코)를 주워 1코 고무뜨기 8단을 뜨는데 5단째 밑에서 6코(8코) 떨어진 곳에서 첫 번째 단춧구멍을 만들고 19코(21코) 간격마다 4개의 단춧구멍을 더 만든다. 끝의 2단은 핫 핑크색으로 뜨고 돗바늘로 마무리한다.

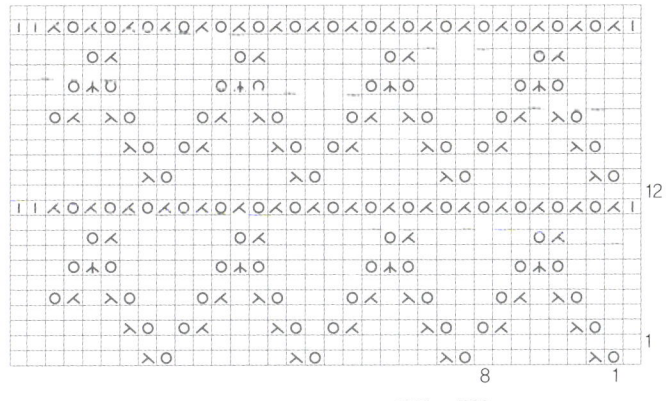

P.60

## 엘사 프릴 니트
Elsa's Frilly Knit

• 파란색 표기 : 4~5세용
• 검은색 표기 : 6~7세용

### READY

**완성치수** 가슴둘레 : 64cm(4~5세), 70cm(6~7세)  어깨 너비 : 24cm(4~5세), 26cm(6~7세)
옷 길이 : 31.5cm(4~5세), 34.5cm(6~7세) – 레이스 길이 제외
소매 길이 : 32cm(4~5세), 35cm(6~7세)

**재료** 실 : 유기 코튼사 흰색 5볼(220g)
바늘 : 4mm · 4.5mm 대바늘  부재료 : 폭이 약 8cm 되는 레이스 2마

**게이지** 18코 × 20단(10cm² 메리야스뜨기)

### HOW TO MAKE

❋ 뒤판 ❋

1. 4mm 대바늘로 49코(53코)를 잡아 1코 고무뜨기 6단을 뜬다.

2. 4.5mm 대바늘로 바꾸어 12단을 뜨는데 양옆에서 3단째 1코를 1번, 2단째 1코를 4번, 총 5코씩을 늘린다. 이때 양 끝의 7코씩은 1코 고무뜨기로 뜬다. 이어서 메리야스뜨기 26단(32단)을 뜬다.

3. 진동 줄임은 양쪽에서 1단째 3코를 1번, 2단째 2코를 1번, 2단째 1코를 2번, 4단째 1코를 1번 줄이고 21단(23단)을 증감 없이 뜬다.

4. 뒷목 파임과 어깨처짐을 동시에 하는데 오른쪽 어깨코 10코(11코)와 뒷목 파임 2코를 더해 총 12코(13코)를 뜨고 되돌려 2단에 1코를 2번 줄여 뒷목 파임을 하고 2단을 더 뜬다. 동시에 3코(4코)를 2번 되돌려가며 어깨처짐을 한다.

5. 새로 실을 걸어 가운데 19코(21코)를 코막음하고 왼쪽 어깨를 오른쪽과 대칭으로 뜬다.

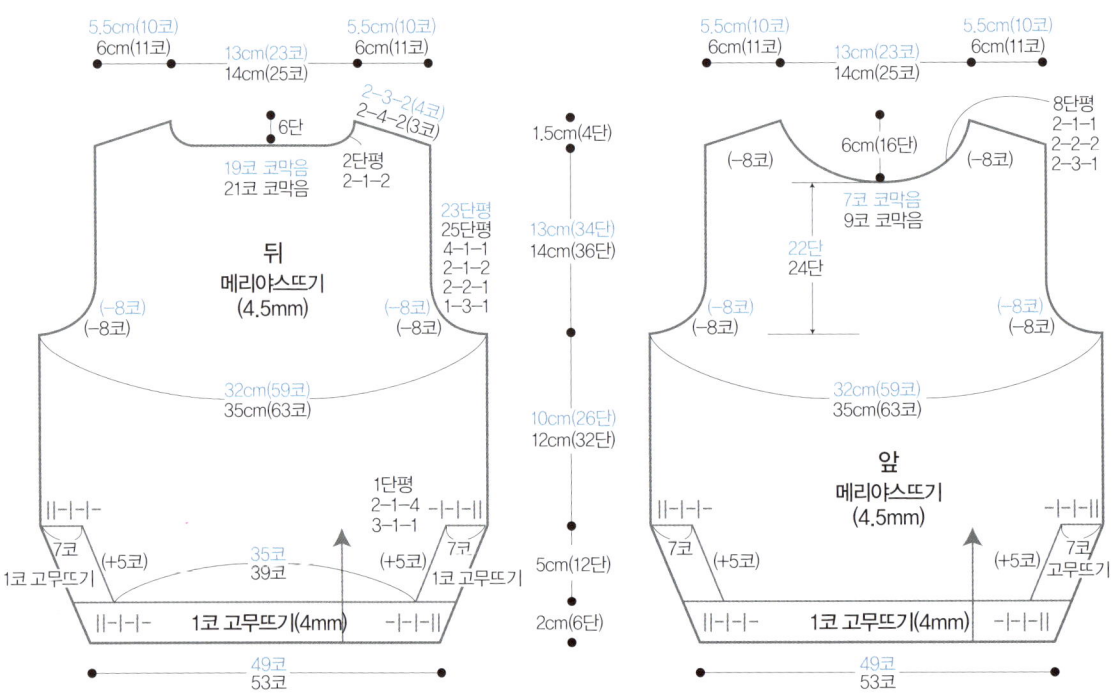

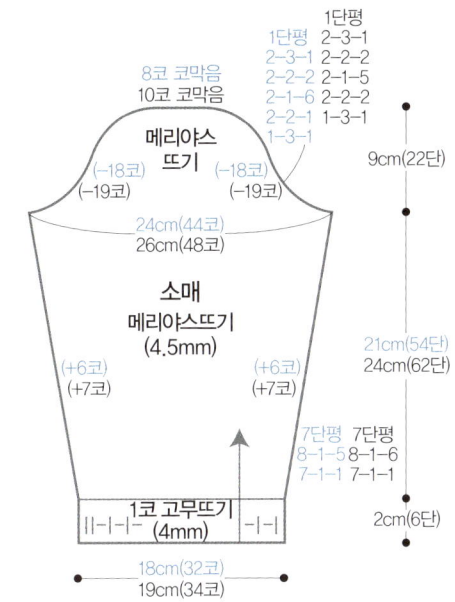

※ 앞판 ※

1. 4mm 대바늘로 49코(53코)를 잡아 1코 고무뜨기 6단을 뜬다.
2. 4.5mm대바늘로 바꾸어 12단을 뜨는데 양옆에서 3단째 1코를 1번, 2단째 1코를 4번, 총 5코씩을 늘린다. 이때 양 끝의 7코씩은 1코 고무뜨기로 뜬다. 이어서 메리야스뜨기 26단(32단)을 뜬다.
3. 진동 줄임은 뒤판과 동일한 방법으로 하며 22단(24단)까지 뜬다.
4. 왼쪽 앞목 파임은 18코(19코)를 뜨고 되돌려 2단째 3코를 1번, 2단째 2코를 2번, 2단째 1코를 1번 줄이고 8단을 뜬다.
5. 새로 실을 걸어 7코(9코)를 코막음하고 오른쪽 앞목 파임은 왼쪽과 동일하게 한다.

※ 소매 ※

1. 4mm 대바늘로 32코(34코)를 잡아 1코 고무뜨기 6단을 뜬다.
2. 4.5mm 대바늘로 바꿔 메리야스뜨기 54단(62단)을 뜨는데 양옆에서 7단째 1코를 1번, 8단째 1코를 5번(6번) 늘리고 7단을 뜬다.
3. 소매 곡선은 양 끝에서 1단째 3코를 1번, 2단째 2코를 1번(2번), 2단째 1코를 6번(5번), 2단째 2코를 2번, 2단째 3코를 1번 줄이고 1단을 뜬다. 남은 8코(10코)는 코막음한다.

※ 마무리 ※

1. 몸판의 겉과 겉을 마주대고 덮어씌우기로 어깨를 잇는다.
2. 앞뒤 몸판과 소매의 옆선을 돗바늘로 꿰맨다.
3. 몸판의 진동 둘레와 소매의 곡선을 겉끼리 마주대고 빼뜨기로 잇는다.
4. 4mm 대바늘로 앞목 둘레에서 47코(51코), 뒷목에서 27코(29코)를 주워 원형으로 1코 고무뜨기 6단을 뜨고 돗바늘로 마무리한다.
5. 레이스를 살짝 주름 잡아 밑단에 홈질로 꿰맨다.

◎ 밑단 코 늘리기

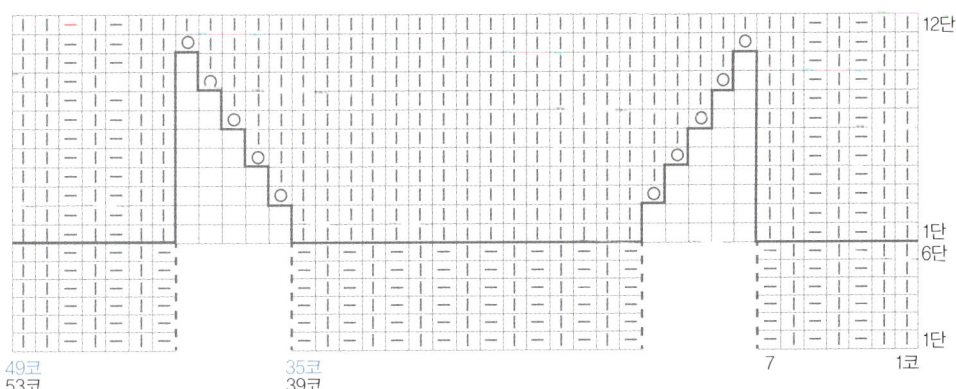

P.62

## 개구쟁이 꽈배기 베스트
*Cruller Patterned Vest*

### READY
- **완성치수** 가슴둘레 | 72cm(4~5세), 80cm(6~7세)
  옷 길이 | 43cm(4~5세), 46cm(6~7세)
- **재료** 실 | 베이비 알파카사 차콜색 5볼(250g)
  바늘 | 6.5mm · 7mm 대바늘
  부재료 | 지름 2.5cm 단추 4개
- **게이지** 13코×19단(10cm² 안메리야스뜨기)

### HOW TO MAKE

❊ 뒤판 ❊

1. 6.5mm 대바늘로 47코(53코)를 잡아 1코 고무뜨기 10단을 뜬다.
2. 이어서 안메리야스뜨기로 44단(48단)을 더 뜬다
3. 진동 줄임은 양쪽에서 2코씩 코막음하고 2단째 1코를 3번(4번) 줄이고 증감 없이 23단을 더 뜬다. 이때 양쪽 끝의 5코씩은 1코 고무뜨기로 뜬다.

- 파란색 표기 | 4~5세용
- 검은색 표기 | 6~7세용

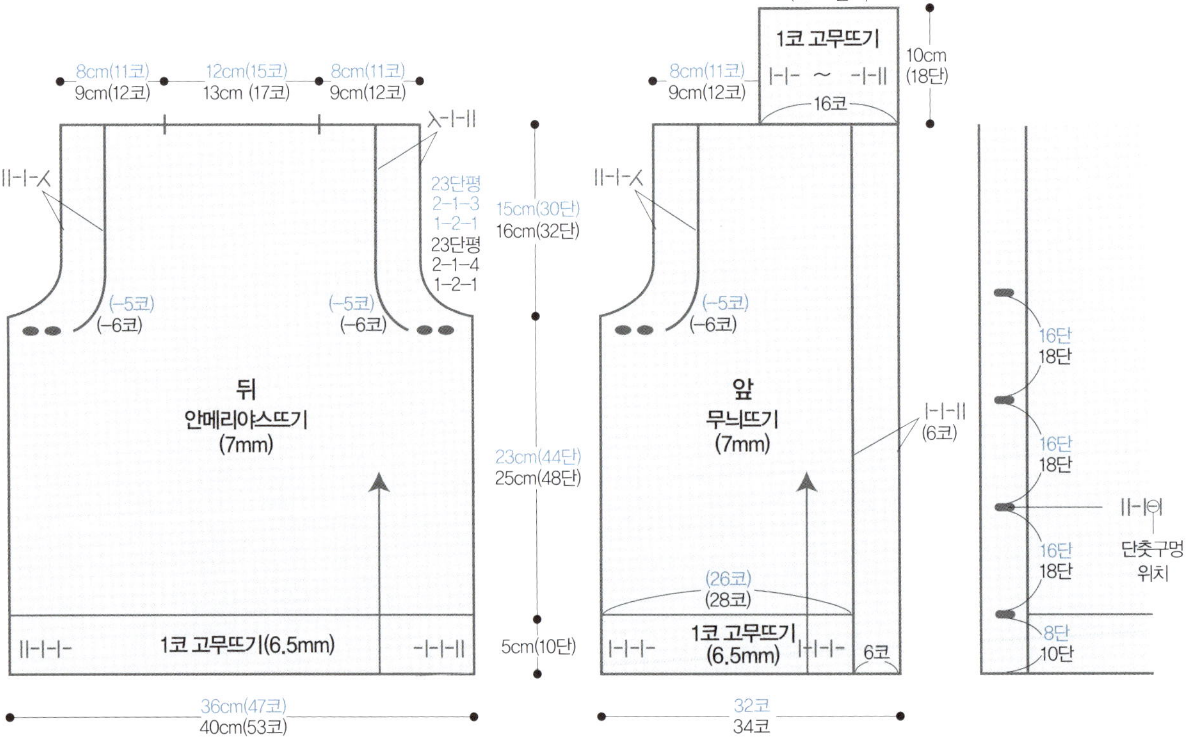

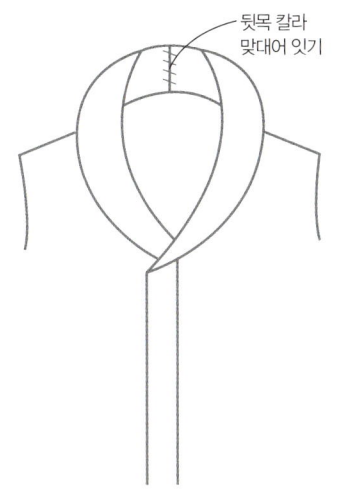

뒷목 칼라 맞대어 잇기

❋ 앞판 ❋

1. 6.5mm 대바늘로 32코(34코)를 잡아 1코 고무뜨기 10단을 뜬다.
2. 이어서 무늬뜨기로 44단(48단)을 더 뜬다. 앞섶에 해당하는 6코는 1코 고무뜨기로 뜬다.
3. 진동 줄임은 뒤판과 동일한 방법으로 하며 30단(32단)을 뜬다.
   ❋ 왼쪽 앞판을 뜰 때 밑에서 8단(10단) 떨어진 곳에 첫 번째 단춧구멍을 만들고 16단(18단)마다 3개의 단춧구멍을 더 만들면서 뜬다.
4. 칼라 부분의 16코는 1코 고무뜨기로 18단을 더 뜨고 쉼코로 놔둔다.

❋ 마무리 ❋

1. 앞뒤 몸판의 겉과 겉을 마주대고 덮어씌우기로 어깨를 잇는다.
2. 앞뒤 몸판의 옆선을 돗바늘로 꿰맨다.
3. 뒷목 칼라의 쉼코로 놔뒀던 16코를 맞대어 돗바늘로 잇는다.
4. 적당한 위치에 단추를 단다.

❋ 오른쪽 앞단 무늬뜨기

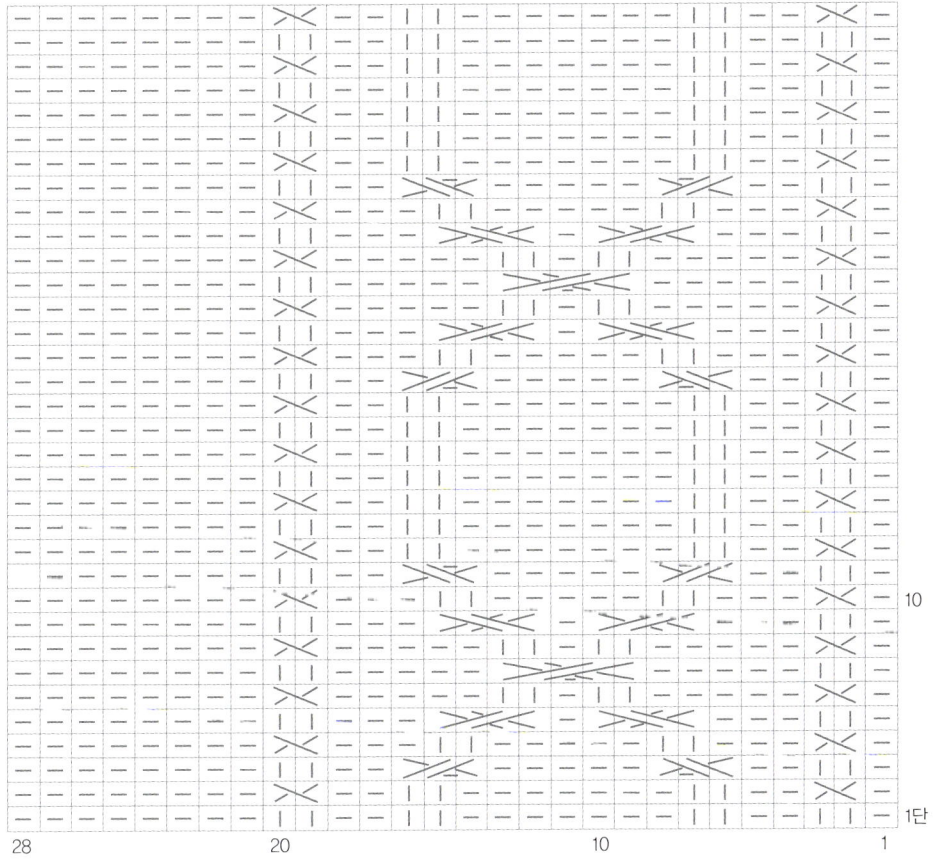

P.64

## 깜찍 토끼 스웨터
*Pretty Rabbit Sweater*

- 파란색 표기 | 4~5세용
- 검은색 표기 | 6~7세용

### ► READY

**완성치수** 가슴둘레 | 66cm(4~5세), 72cm(6~7세)  어깨 너비 | 26cm(4~5세), 30cm(6~7세)
옷 길이 | 40.5cm(4~5세), 43.5cm(6~7세)  소매 길이 | 30cm(4~5세), 33cm(6~7세)

**재료** 실 | 합성모사 카키색 5볼(200g), 진노란색 1볼(40g), 갈색 약간
바늘 | 4mm·5mm 대바늘, 코바늘 5/0호
부재료 | 헌 줄무늬 양말 약간, 지름 1cm 작은 단추

**게이지** 17코×27단(10cm², 메리야스뜨기)

### ► HOW TO MAKE

❄ 뒤판 ❄

1  4mm 대바늘로 56코(62고)를 잡아 무늬뜨기 16단을 뜬다.
2  5mm 대바늘로 바꿔 메리야스뜨기 56단(62단)을 뜬다.
3  진동 줄임은 양쪽 끝에서 3코를 코막음한 다음 2단째 1코를 3번 줄이고 21단(23단)을 증감 없이 더 뜬다.
4  입고 벗기 편하도록 뒷목의 12단을 갈라 뜨는데, 오른쪽 22코(25코)만 8단 뜬 다음 나머지는 뒷목 파임과 어깨처짐을 동시에 하며 뜬다. 뒷목 파임 10코를 코막음하고 동시에 4코(5코)마다 2번 되돌려가며 어깨처짐을 한다.
5  새로 실을 걸어 8단을 뜬 다음 오른쪽과 대칭으로 뜬다.

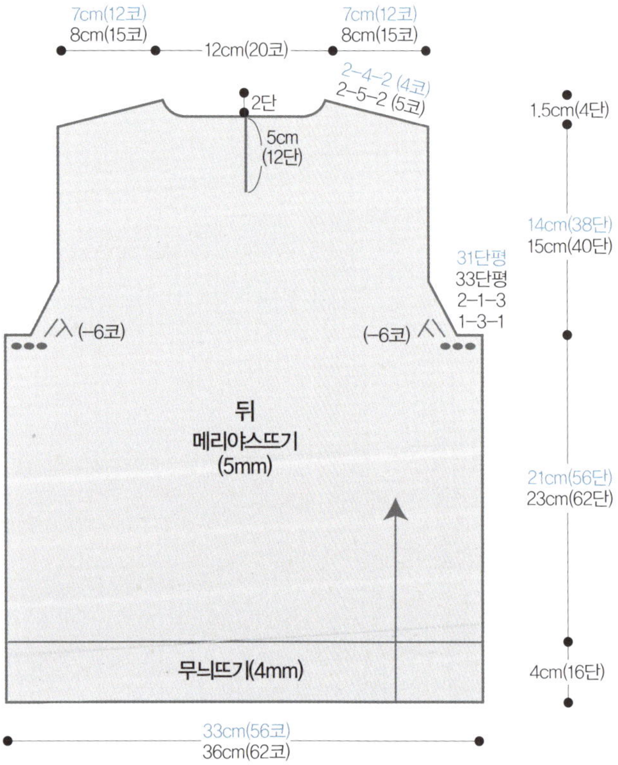

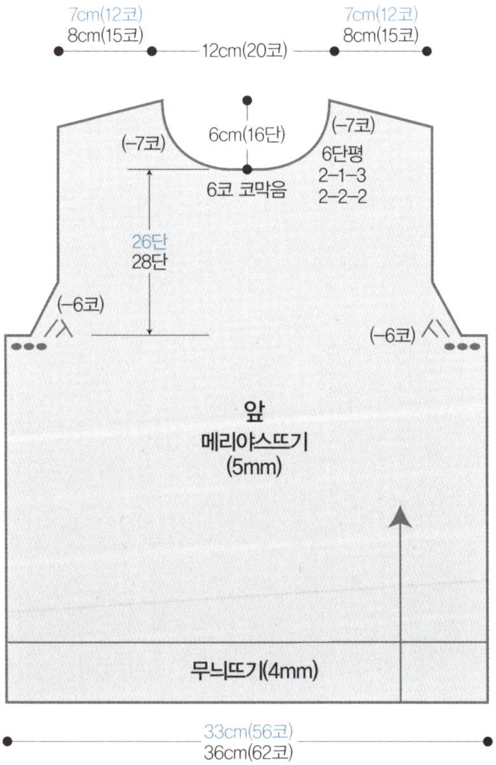

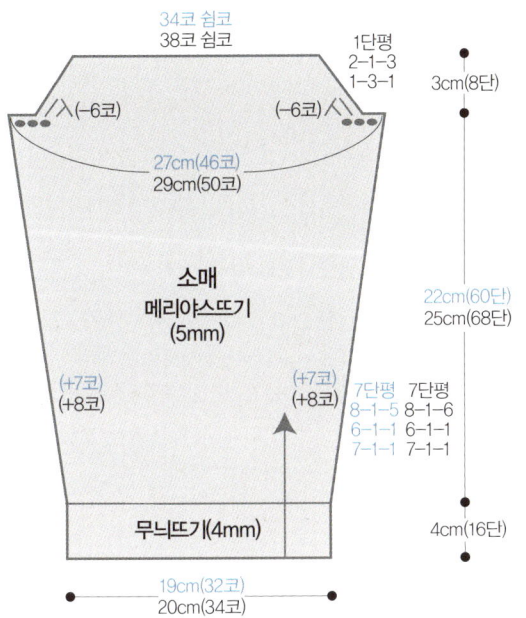

## ✣ 앞판 ✣

1. 4mm 대바늘로 56코(62코)를 잡아 무늬뜨기 16단을 뜬다.
2. 5mm 대바늘로 바꿔 메리야스뜨기 56단(62단)을 뜬다.
3. 진동 줄임은 뒤판과 동일한 방법으로 하며 26단(28단)을 뜬다.
4. 왼쪽 앞목 파임은 12코(15코)를 뜨고 되돌려 2단째 2코를 2번, 2단째 1코를 3번 줄이고 6단을 뜬다.
5. 새로 실을 걸어 6코를 코막음하고 오른쪽 앞목 파임은 왼쪽과 동일하게 한다.

## ✣ 소매 ✣

1. 4mm 대바늘로 진노란색 실을 사용해 32코(34코)를 잡아 무늬뜨기 16단을 뜬다.
2. 5mm 대바늘로 바꿔 네이비색 실로 메리야스뜨기 60단(68단)을 뜨는데, 양옆에서 7단째 1코를 1번, 6단째 1코를 1번, 8단째 1코를 5번(6번) 늘리고 7단을 뜬다.
3. 소매 곡선은 양 끝에서 3코를 코막음한 다음 2단째 1코를 3번 줄이고 1단을 뜬다. 남은 34코(38코)는 쉬어둔다.

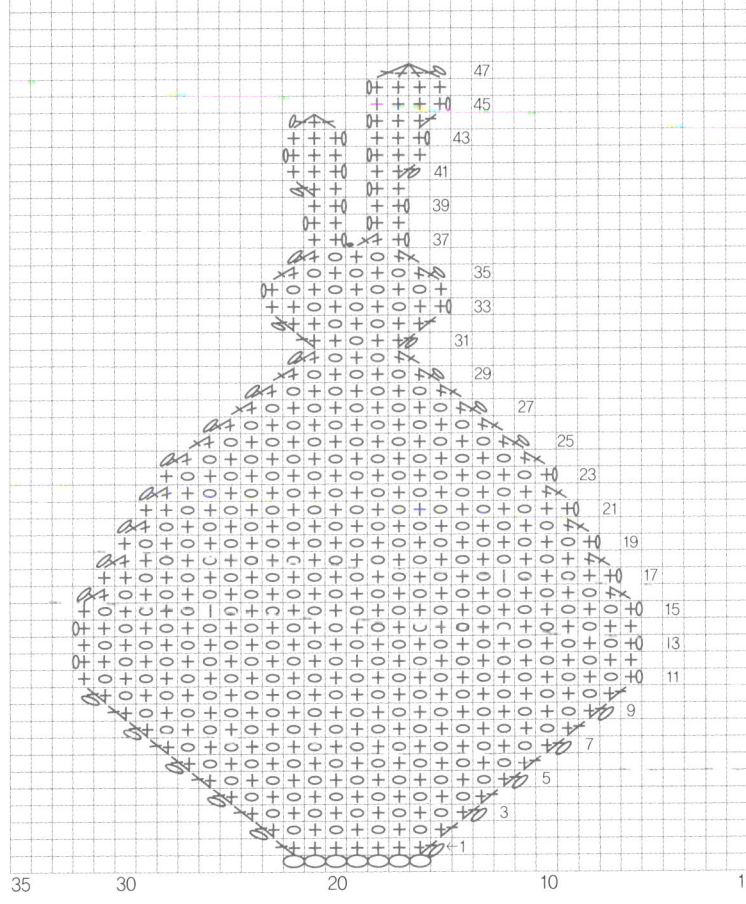

### ✿ 밑단 무늬뜨기

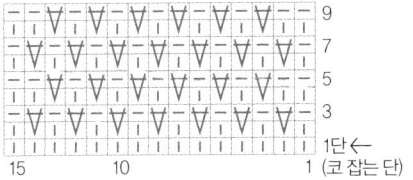

※ 마무리 ※

1. 몸판의 겉과 겉을 마주대고 덮어씌우기로 어깨를 잇는다.
2. 앞뒤 몸판과 소매의 옆선을 돗바늘로 꿰맨다.
3. 몸판의 진동 둘레와 소매의 곡선을 돗바늘로 잇는다.
4. 4mm 대바늘로 뒷목에서 16코씩, 앞목 둘레에서 44코를 주워 가터뜨기 4단을 뜨고 코막음한다.
5. 코바늘로 사슬코 6코를 떠서 고리를 만들어 뒷목에 달고 작은 단추를 단다.
6. 칼라는 코바늘 5호로 진노란색 실을 사용해 가터뜨기했던 목둘레 반절에서(뒷목 중심에서 앞목 중심까지 1장, 앞목 중심에서 뒷목 중심까지 또 1장) 사슬뜨기와 짧은뜨기를 번갈아가며 8단을 뜬다.
7. 토끼 와펜을 만든다. 코바늘 5호로 갈색 실을 사용해 도안과 같이 토끼 모양을 뜬다. 헌 줄무늬 양말을 약 2.5cm 폭으로 길게 잘라 목도리처럼 토끼의 목에 묶고 앞 몸판에 꿰맨다.
8. 지름 3cm 정도의 미니 털 방울을 만들어 토끼 꼬리에 달고 수염은 스티치를 놓는다.

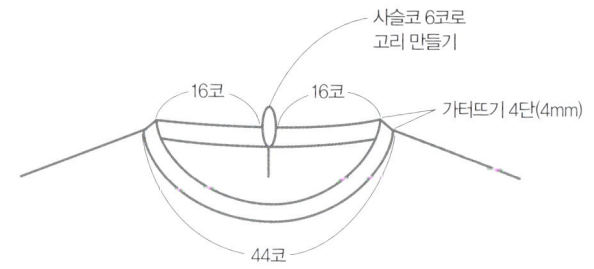

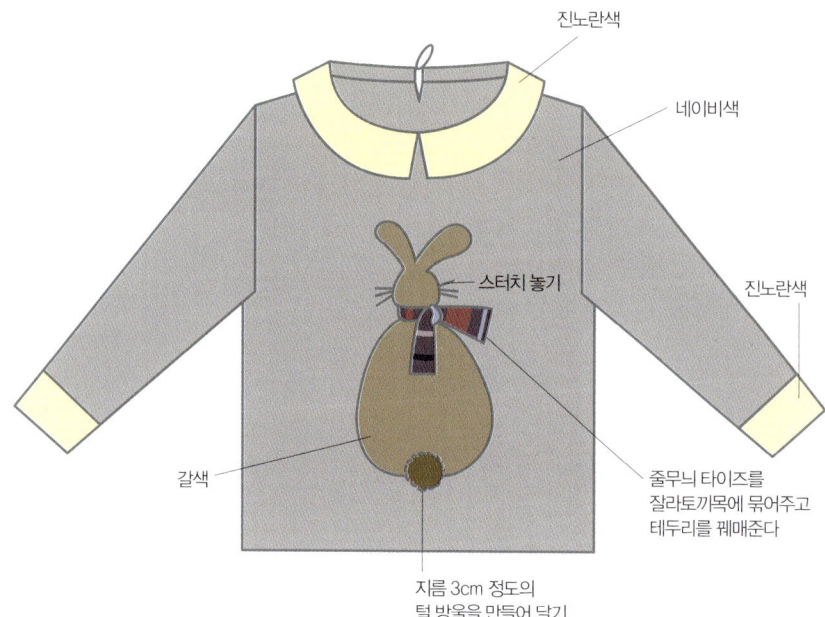

★ 목둘레 칼라(2장 진노란색 실) - 코바늘 5/0호

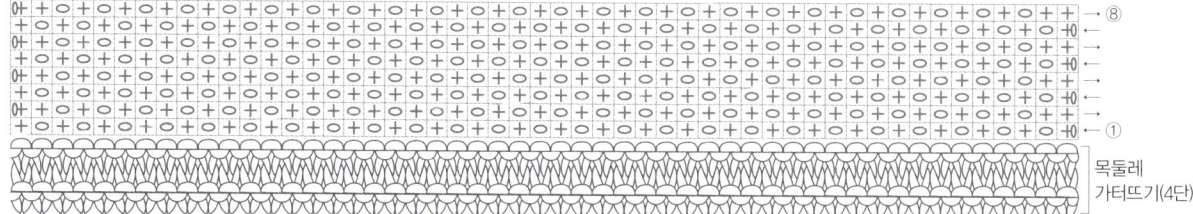

P.66

## 그러데이션 카디건
*Gradation Colored Cardigan*

### ▶READY◀

**완성치수** 가슴둘레 72cm(4~7세)
　　　　　옷 길이 41.5cm(4~7세) | 소매 길이 26cm(4~7세)

**재료** 실 그러데이션 합성 모사 2볼(200g)
　　　바늘 3.5mm · 4mm 대바늘 부재료 지름 1cm 단추 3개

**게이지** 20코 × 40단(10cm² 가터뜨기)

### ▶HOW TO MAKE◀

❄ 그러데이션 실의 변화를 세로 라인으로 만들기 위해 옆으로 뉘어 뜨는 방식으로, 앞뒤 몸판을 한꺼번에 뜬다.

1. 4mm 대바늘로 36코를 잡아 가터뜨기 104단을 뜨는데, 양옆에서 7단째 1코를 1번, 8단째 1코를 9번, 6단째 1코를 3번 늘리고 7단을 뜬다.

2. 이어서 감아코로 양쪽 끝에서 52코씩 늘려 총 166코로 앞뒤 몸판 46단을 한꺼번에 뜬다.

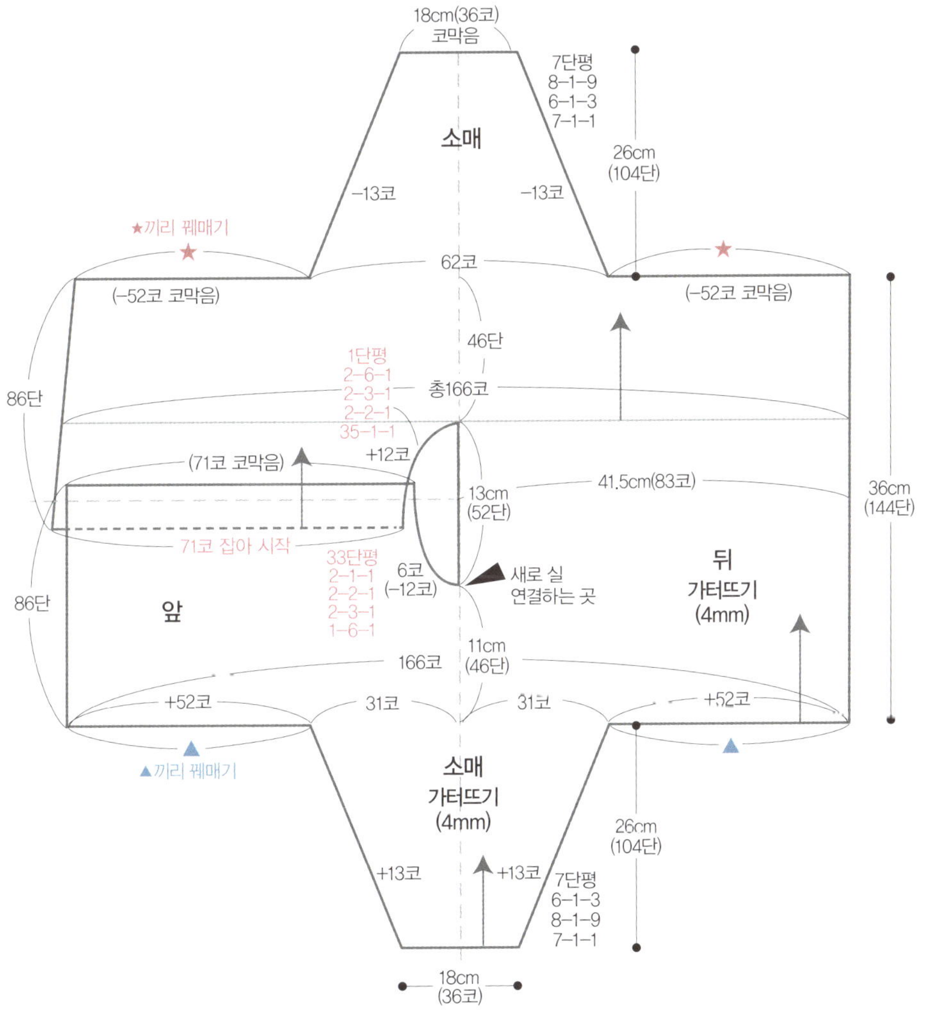

3 뒤판에 해당하는 절반의 콧수 83코만 52단을 뜬다.

4 새로 실을 걸어 앞목 파임을 12코 하는데, 1단째 6코를 1번, 2단째 3코를 1번, 2단째 2코를 1번, 2단째 1코를 1번 줄이고 33단을 더 뜨고 코막음 한다(왼쪽 앞판 완성).

5 4mm 대바늘로 새로 71코를 잡아 가터뜨기 34 단을 뜬 다음 35단째 1코를 1번, 2단째 2코를 1 번, 2단째 3코를 1번, 2단째 6코를 1번 늘리며 총 40단을 뜬다(오른쪽 앞판 완성).

6 3의 뒤판을 1단 뜨고 이어 5의 앞판을 떠서 하나 의 바늘에 모이게 하고 총 166코를 46단 뜬다.

7 양쪽으로 52코를 코막음한 다음 소매 부분 62 코만 104단을 뜨는데, 양옆에서 7단째 1코를 1 번, 6단째 1코를 3번, 8단째 1코를 9번 줄임하고 7단을 더 뜨고 코막음한다.

※ 마무리 ※

1 앞뒤 몸판과 소매의 옆선을 돗바늘로 꿰맨다.

2 목둘레단은 3.5mm 대바늘로 총 100코를 주워 가터뜨기 8단을 뜨고 코막음한다.

3 3개의 단추를 적당한 위치에 단다(단추가 작아서 단춧구멍은 따로 만들지 않아도 된다).

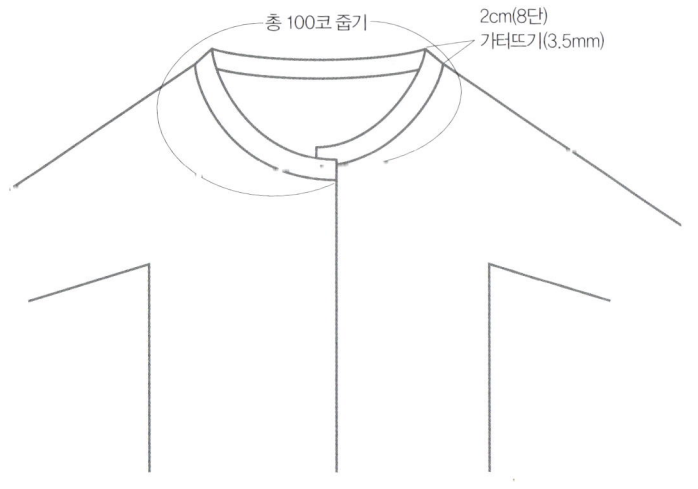

P.68

빅 포켓
지프업 베스트

*Big Pocket Zeep-up Vest*

### ► READY

**완성치수** 가슴둘레 | 68cm(4~5세), 74cm(6~7세)  어깨 너비 | 25cm(4~5세), 26cm(6~7세)
         옷 길이 | 40cm(4~5세), 43cm(6~7세)

**재료** 실 | 합성 울사 네이비색 3볼(120g), 카키색·벽돌색 각각 2볼씩(80g)
     바늘 | 4.5mm·5mm 대바늘  부재료 | 약 40cm 길이 지퍼

**게이지** 16코×26단(10cm 메리야스뜨기), 17코×26단(10cm² 무늬뜨기)

### ► HOW TO MAKE

❋ 뒤판 ❋

1. 4.5mm 대바늘로 55코(59코)를 잡아 1코 고무뜨기 10단을 뜬다.
2. 5mm 대바늘로 바꿔 메리야스뜨기 58단(62단)을 더 뜬다.
3. 진동 줄임은 양쪽에서 3코를 코막음한 다음 2단째 1코를 3번(4번) 줄이고 31단을 뜬다. 이때 양 끝의 7코씩은 1코 고무뜨기로 뜬다.
4. 뒷목 파임은 오른쪽 어깨코 12코(13코)와 뒷목 파임 2코를 더해 총 14코(15코)를 뜨고 되돌려 2코를 줄여 뒷목 파임을 하고 2단을 더 뜬다.
5. 새로 실을 걸어 가운데 15코를 코막음하고 왼쪽 어깨를 오른쪽과 대칭으로 뜬다.

• 파란색 표기 | 4~5세용
• 검은색 표기 | 6~7세용

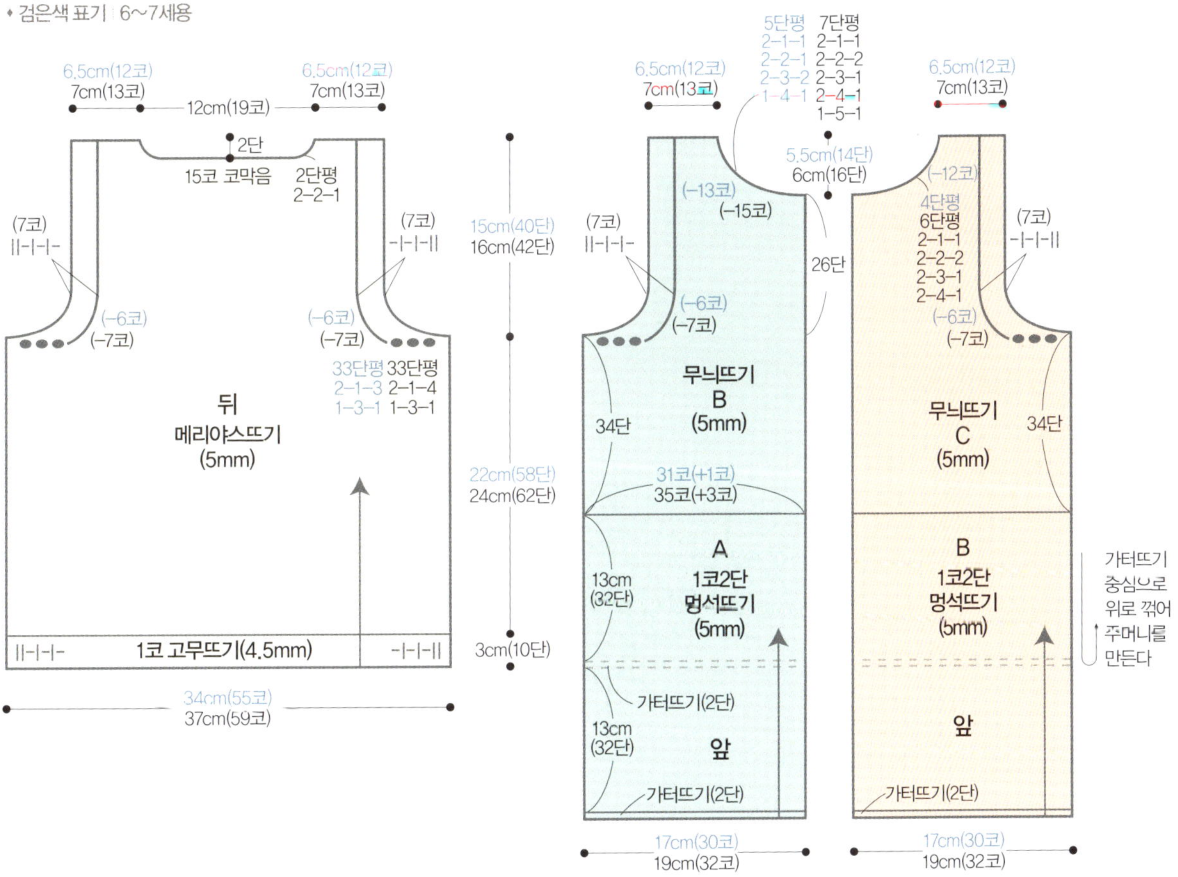

175

❄ 앞판 ❄

1. 5mm 대바늘로 네이비색 실을 사용해 30코(32코)를 잡아 가터뜨기 2단을 뜨고 멍석뜨기로 32단을 뜬다(주머니가 될 부분). 이어서 가터뜨기 2단(접히는 경계선), 다시 멍석뜨기 32단을 뜬다.
2. 오른쪽 앞판은 카키색으로, 왼쪽 앞판은 벽돌색으로 바꿔 각각의 무늬뜨기로 34단을 뜬다. 오른쪽 앞판은 무늬의 패턴상 4의 배수 + 3코의 조건값을 맞추기 위해 1코(3코)를 늘려 31코(35코)로 뜬다.
3. 진동 줄임은 뒤판과 동일한 방법으로 하며 26단을 뜬다. 이때 양 끝의 7코씩은 1코 고무뜨기로 뜬다.
4. 오른쪽 앞목 파임은 1단째 4코를 1번, 2단째 3코를 2번, 2단째 2코를 1번, 2단째 1코를 1번 줄이고 5단을 뜬다(6~7세용은 1단째 5코를 1번, 2단째 4코를 1번, 2단째 3코를 1번, 2단째 2코를 1번, 2단째 1코를 1번 줄이고 7단을 뜬다). 왼쪽 앞목 파임은 2단째 4코를 1번, 2단째 3코를 1번, 2단째 2코를 2번, 2단째 1코를 1번 줄이고 4단(6단)을 뜬다.

❄ 마무리 ❄

1. 몸판의 겉과 겉을 마주대고 덮어씌우기로 어깨를 잇는다.
2. 주머니에 해당하는 몸판 아래 32단은 밖으로 접고 함께 몸판의 옆선을 돗바늘로 꿰맨다.
4. 4.5mm 대바늘로 앞목 둘레에서 25코(27코)씩, 뒷목에서 24코를 주워 1코 고무뜨기 22단을 뜨고 코막음한다. 안으로 반 접어 넣어 감침질한다.
5. 앞섶 단은 4.5mm 대바늘로 실 2겹을 사용해 2단에 1코씩 코를 줍는 방식으로 54코(58코)를 주워 바로 코막음한다.
6. 지퍼를 단다.

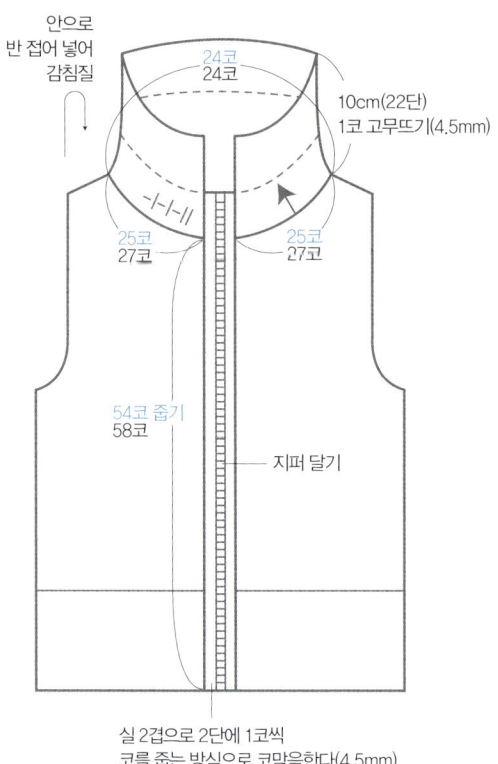

A (1코 2단 멍석뜨기)

4코 2단 1무늬

B

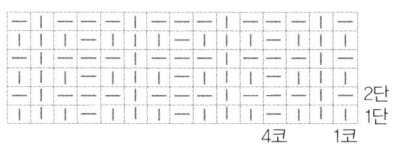

4코 2단 1무늬

C

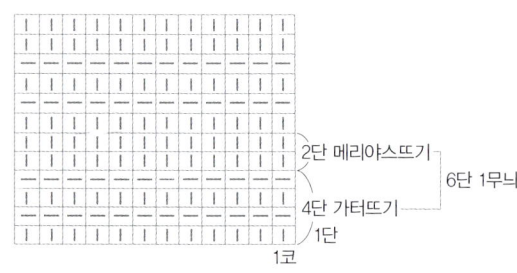

P.72

## 긴팔원숭이 &
## 낸시랭 고양이
*Gibbon Doll & Cat Doll*

> **READY**

**완성치수** 긴팔원숭이 길이 | 약 70cm
낸시랭 고양이 길이 | 약 18cm

**재료** 실 | 긴팔원숭이 - 면 혼방사 베이지색 ·
갈색 · 회색 각 2볼씩(100g씩),
초록색 실 · 주황색 실 약간씩
낸시랭 고양이 - 면 혼방사
겨자색 2볼(100g),
갈색 실 · 보라색 실 약간씩

바늘 | 코바늘 5/0호
부재료 | 눈 단추, 방울 솜

> **HOW TO MAKE**

❈ **긴팔원숭이 뜨는 법** ❈

1. **다리(2장)** 코바늘 5호를 사용해 초록색 실로 원을 만들어 7코의 짧은뜨기로 시작한다. 2단째 7코를 늘려 14코로 도표대로 배색하며 90단까지 뜬다.

2. **팔과 꼬리(3장)** 다리와 같은 방법으로 배색하며 뜨는데 6코로 시작하여 12코로 늘려 뜬다.

3. **몸통** 사슬코 14코로 시작해 원형으로 돌면서 도안대로 늘리고 줄이며 짧은뜨기 하여 몸통을 뜬다. 다 뜨고 나서 방울 솜을 말랑말랑하게 집어넣고 창구멍을 꿰매 막는다.

   ◉ 솜을 너무 많이 넣으면 구멍 사이로 솜이 빠져나올 수 있다. 만졌을 때 말랑한 정도만 넣는 것이 좋다.

4. **주둥이** 주황색 실을 사용하여 사슬코 9코로 시작해 원형으로 돌면서 7단을 뜬다.

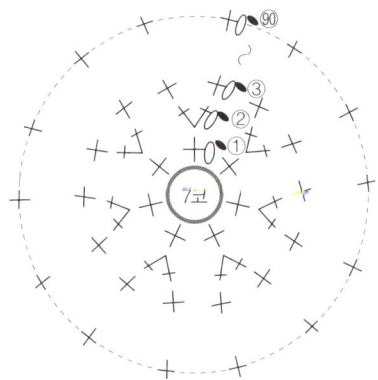

| 단수 | 콧수 | 색상 |
|---|---|---|
| 88~90 | 14 | 갈색 |
| 85~87 | 〃 | 베이지색 |
| 82~84 | 〃 | 회색 |
| 79~81 | 〃 | 베이지색 |
| 76~78 | 〃 | 갈색 |
| 73~75 | 〃 | 베이지색 |
| 70~72 | 〃 | 회색 |
| 67~69 | 〃 | 베이지색 |
| 64~66 | 〃 | 갈색 |
| 61~63 | 〃 | 베이지색 |
| 58~60 | 〃 | 회색 |
| 55~57 | 〃 | 베이지색 |
| 52~54 | 〃 | 갈색 |
| 49~51 | 〃 | 베이지색 |
| 46~48 | 〃 | 회색 |
| 43~45 | 〃 | 베이지색 |
| 40~42 | 〃 | 갈색 |
| 37~39 | 〃 | 베이지색 |
| 34~36 | 〃 | 회색 |
| 31~33 | 14 | 베이지색 |
| 28~30 | 14 | 갈색 |
| 19~27 | 14 | 주황색 |
| 18 | 〃 | 초록색 |
| ～ | ～ | 초록색 |
| 3 | 14 | 초록색 |
| 2 | 14 | 초록색 |
| 1 | 7 | 초록색 |

5 **귀(2장)** 회색 실로 사슬코 18코를 잡아 첫 사슬코에 빼뜨기로 연결하여 원형을 만든 다음 도안대로 7단을 떠서 오므린다.

6 **마무리** 팔과 다리, 꼬리에 방울 솜을 적당히 집어넣고 몸통을 적당한 위치에 꿰맨다.

○ 팔과 다리를 반 정도 떴을 때 솜을 적당히 집어넣으면서 나머지를 뜨면 한결 수월하다.

주둥이도 얼굴에 시침핀으로 고정해서 테두리를 꿰매다가 창구멍을 약간 남기고 솜을 채운 다음 창구멍을 꿰맨다. 양쪽 귀를 꿰매고 눈 단추를 단다.

※ **팔·꼬리(3장)**

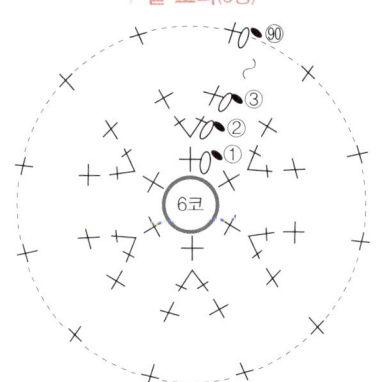

| 단수 | 콧수 | 색상 |
|---|---|---|
| 88~90 | 12 | 갈색 |
| 85~87 | 〃 | 베이지 |
| 82~84 | 〃 | 회색 |
| 79~81 | 〃 | 베이지 |
| 76~78 | 〃 | 갈색 |
| 73~75 | 〃 | 베이지 |
| 70~72 | 〃 | 회색 |
| 67~69 | 〃 | 베이지 |
| 64~66 | 〃 | 갈색 |
| 61~63 | 〃 | 베이지 |
| 58~60 | 〃 | 회색 |
| 55~57 | 〃 | 베이지 |
| 52~54 | 〃 | 갈색 |
| 49~51 | 〃 | 베이지 |
| 46~48 | 〃 | 회색 |
| 43~45 | 〃 | 베이지 |
| 40~42 | 〃 | 갈색 |
| 37~39 | 〃 | 베이지 |
| 34~36 | 〃 | 회색 |
| 31~33 | 12 | 베이지 |
| 28~30 | 12 | 갈색 |
| 19~27 | 12 | 주황 |
| 18 | 〃 | 초록 |
| ≀ | ≀ | 초록 |
| 3 | 12 | 초록 |
| 2 | 12 | 초록 |
| 1 | 6 | 초록 |

| 단수 | 콧수 | 색상 |
|---|---|---|
| 49 | 8코 | 초록색 |
| 48 | 12 | 초록색 |
| 47 | 16 | 초록색 |
| 46 | 20 | 초록색 |
| 45 | 24 | 초록색 |
| 44 | 28 | 초록색 |
| 43 | 32 | 초록색 |
| 41~42 | 36 | 초록색 |
| 38~40 | 36 | 회색 |
| 35~37 | 36 | 베이지색 |
| 32~34 | 36 | 갈색 |
| 29~31 | 36 | 베이지색 |
| 26~28 | 〃 | 회색 |
| 23~25 | 〃 | 베이지색 |
| 20~22 | 〃 | 갈색 |
| 17~19 | 〃 | 베이지색 |
| 14~16 | 〃 | 회색 |
| 11~13 | 〃 | 베이지색 |
| 8~10 | 〃 | 갈색 |
| 5~7 | 36 | 베이지색 |
| 4 | 36 | 회색 |
| 3 | 36 | 회색 |
| 2 | 36 | 회색 |
| 1 | 30코 | 회색 |
| 사슬코 14코로 시작 | | |

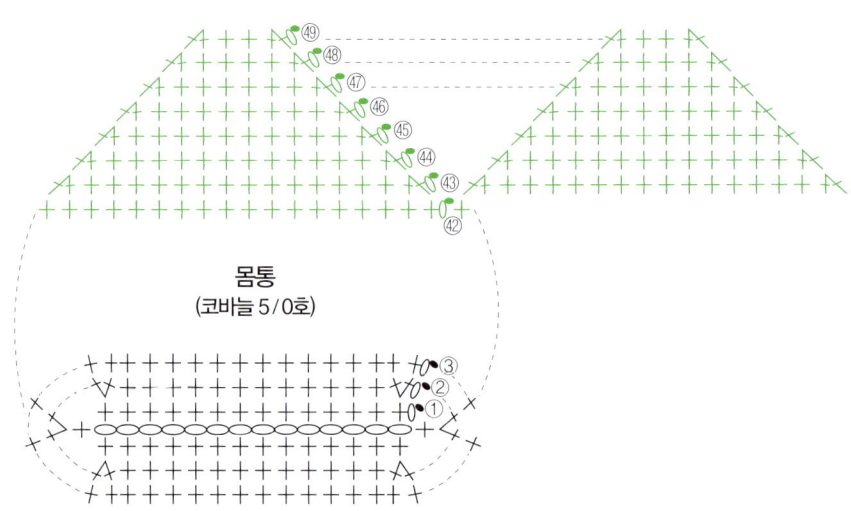

**몸통** (코바늘 5/0호)

✿ 주둥이(주황색)

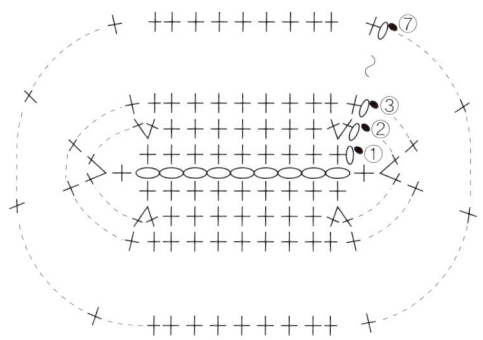

| 단수 | 콧수 |
|---|---|
| 7 | 26코 |
| ~ | ~ |
| 3 | 26 |
| 2 | 26코 |
| 1 | 20코 |
| 사슬코 9코로 시작 | |

✿ 귀(2장 회색)

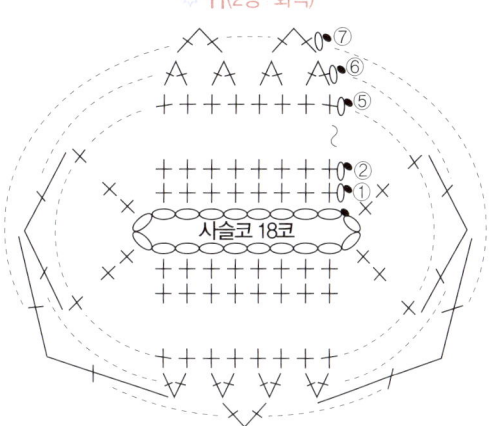

사슬코 18코

| 단수 | 콧수 |
|---|---|
| 7 | 5코 |
| 6 | 9코 |
| 5 | 18코 |
| ~ | ~ |
| 1 | 18코 |
| 사슬코 18코로 시작 | |

← 남은 콧수는 실을 통과시켜 오므리기

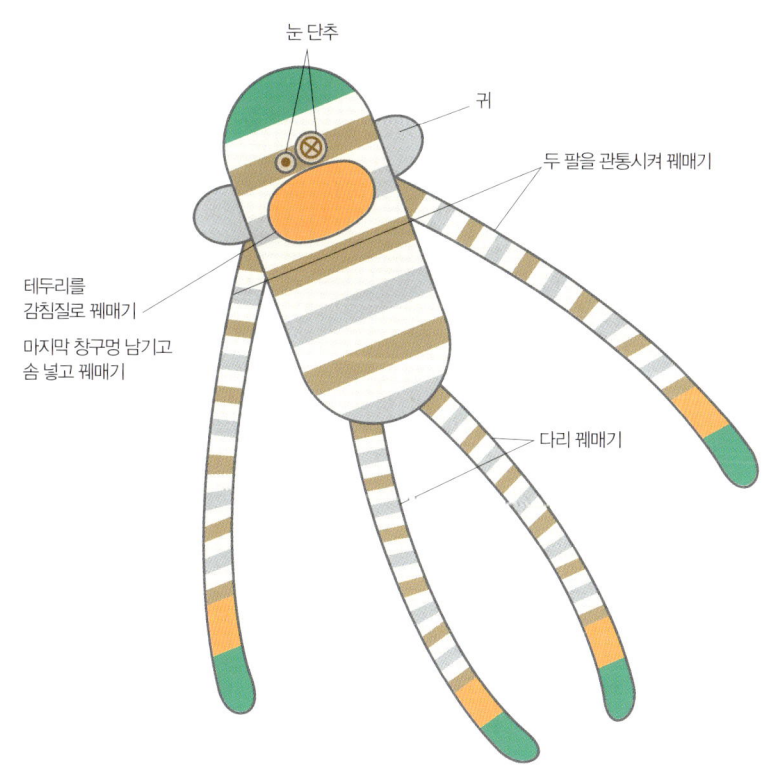

눈 단추

귀

두 팔을 관통시켜 꿰매기

테두리를 감침질로 꿰매기

마지막 창구멍 남기고 솜 넣고 꿰매기

다리 꿰매기

## ❄ 낸시랭 고양이 뜨는 법 ❄

1. **몸통** 코바늘 5호로 원을 만들어 6코로 시작해 도안대로 늘리고 줄여가며 36단을 뜬다. 방울 솜을 적당히 집어넣고 창구멍을 오므린다.
2. **앞다리, 뒷다리(각 2장씩)** 갈색 실로 원을 만들어 6코의 짧은뜨기로 시작해 원형으로 도안대로 늘려가며 앞다리는 20단까지, 뒷다리는 24단까지 뜬다. 7단까지는 갈색 실로, 나머지 단은 겨자색으로 뜬다.
3. **꼬리** 보라색 실을 사용해 5코로 원을 만든다. 도안대로 원형으로 10단을 뜬다. 7단까지는 보라색 실을, 8·9단은 갈색 실로, 나머지는 겨자색 실로 뜬다.
4. **얼굴** 겨자색 실로 원을 만들어 6코를 시작으로 단마다 6코씩 늘려 6단까지 뜬다(총 36코). 도안과 같이 16단까지 쭉 뜬 다음 양쪽 끝의 앞뒤로 7코씩, 14코를 원형으로 떠서 귀를 만든다. 방울 솜을 적당히 집어넣고 창구멍을 오므린다.

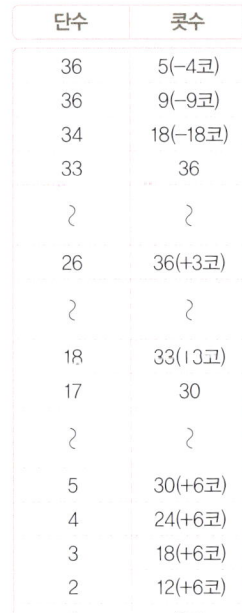

| 단수 | 콧수 |
|---|---|
| 36 | 5(-4코) |
| 36 | 9(-9코) |
| 34 | 18(-18코) |
| 33 | 36 |
| ～ | ～ |
| 26 | 36(+3코) |
| ～ | ～ |
| 18 | 33(13코) |
| 17 | 30 |
| ～ | ～ |
| 5 | 30(+6코) |
| 4 | 24(+6코) |
| 3 | 18(+6코) |
| 2 | 12(+6코) |
| 1 | 6코 |

✿ 고양이 - 코바늘 5/0호

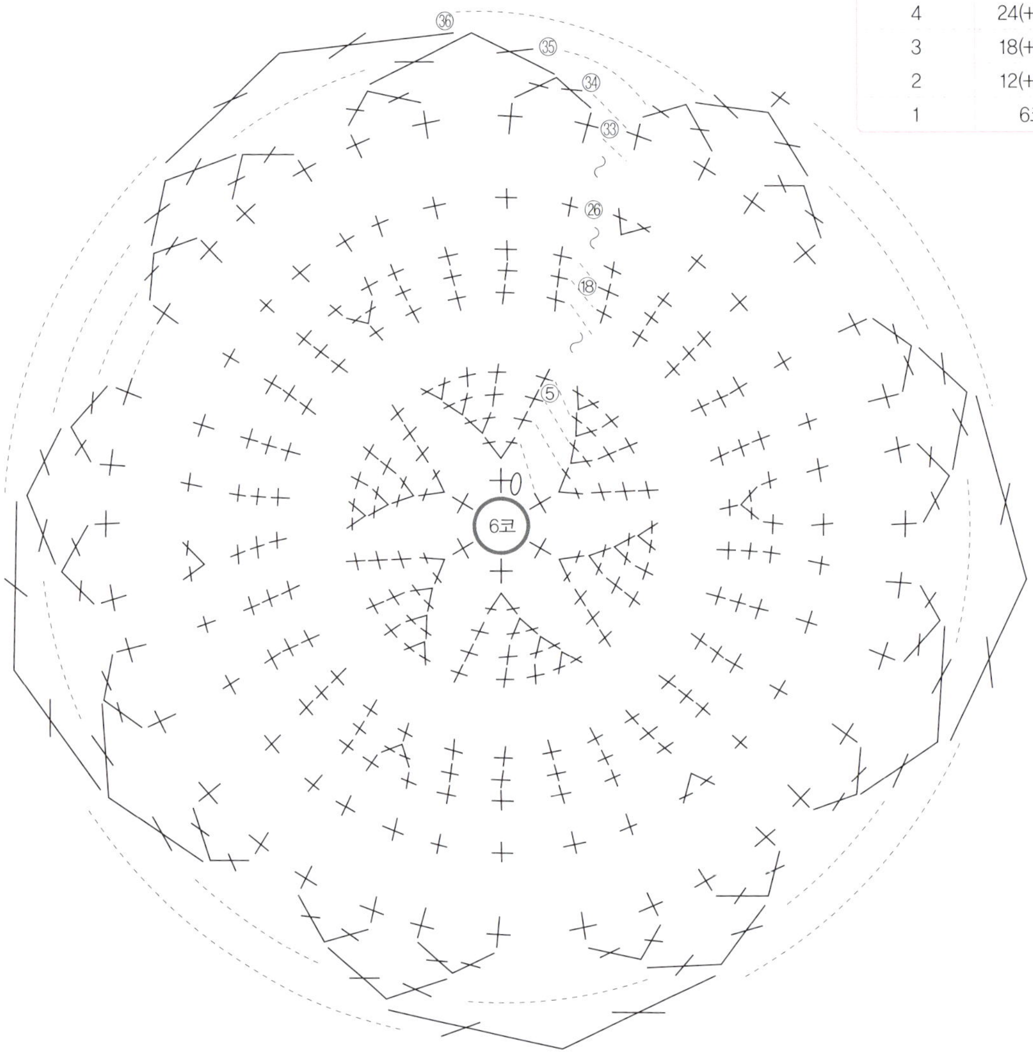

❀ 앞다리(2장)

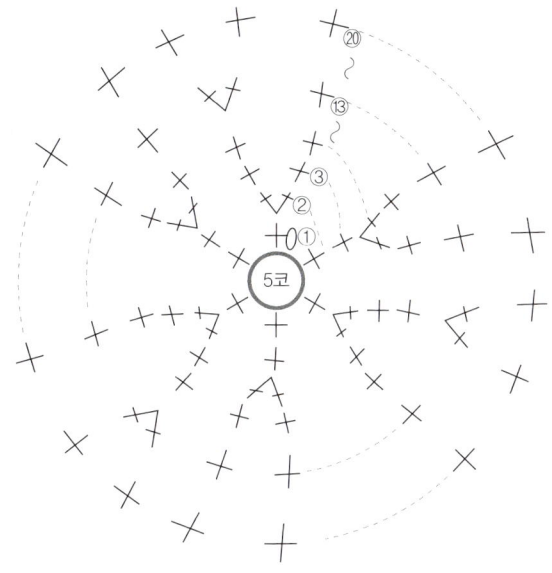

| 단수 | 콧수 | |
|---|---|---|
| 20 | 15 | 겨자색 |
| ∫ | ∫ | |
| 13 | 15(+3코) | |
| 12 | 12 | |
| ∫ | ∫ | 7단까지 갈색 |
| 3 | 12(+3코) | |
| 2 | 9(+3코) | |
| 1 | 6 | |

❀ 뒷다리(2장)

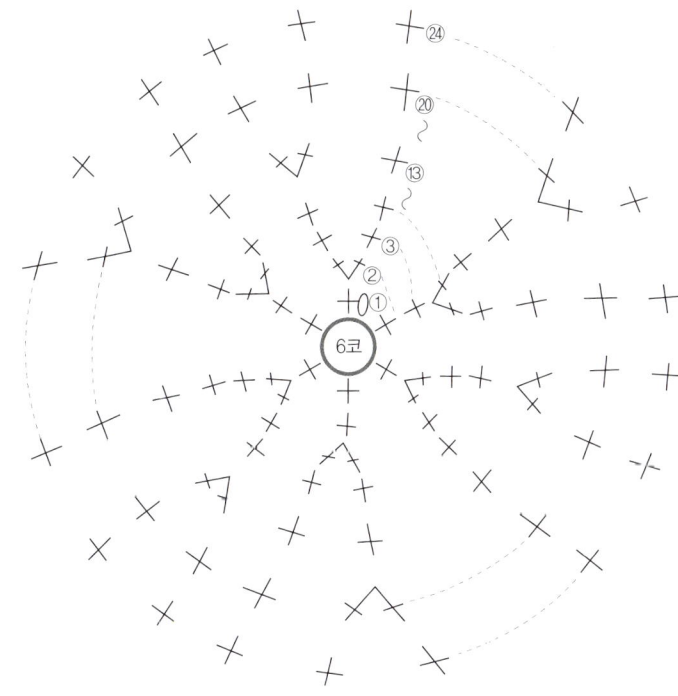

| 단수 | 콧수 | |
|---|---|---|
| 24 | 18 | 겨자색 |
| ∫ | ∫ | |
| 20 | 18(+3코) | |
| ∫ | ∫ | |
| 13 | 15(+3코) | |
| 12 | 12 | |
| ∫ | ∫ | 7단까지 갈색 |
| 3 | 12(+3코) | |
| 2 | 9(+3코) | |
| 1 | 6 | |

✿ 꼬리

✿ 얼굴

실 끊고 오므리기

새로 실 잇기

(귀 시작)

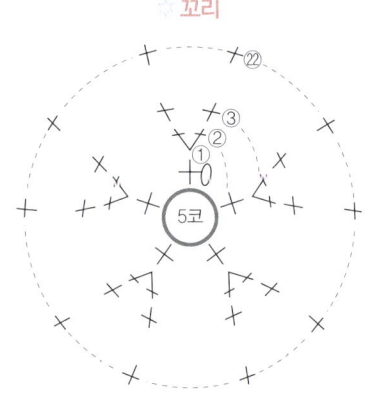

| 단수 | 콧수 |
|---|---|
| 22 | 10 |
| ~ | ~ |
| 2 | 10 |
| 1 | 5 |

겨자색

8·9단 갈색

7단까지 보라색

5 **마무리** 다리와 꼬리에 솜을 적당히 채우고 몸통의 각 위치에 꿰맨다. 보라색 실을 두 개의 손가락에 6~7번 감아 가운데를 묶어 리본처럼 만들어 달고 눈과 코의 위치에 단추를 단다.

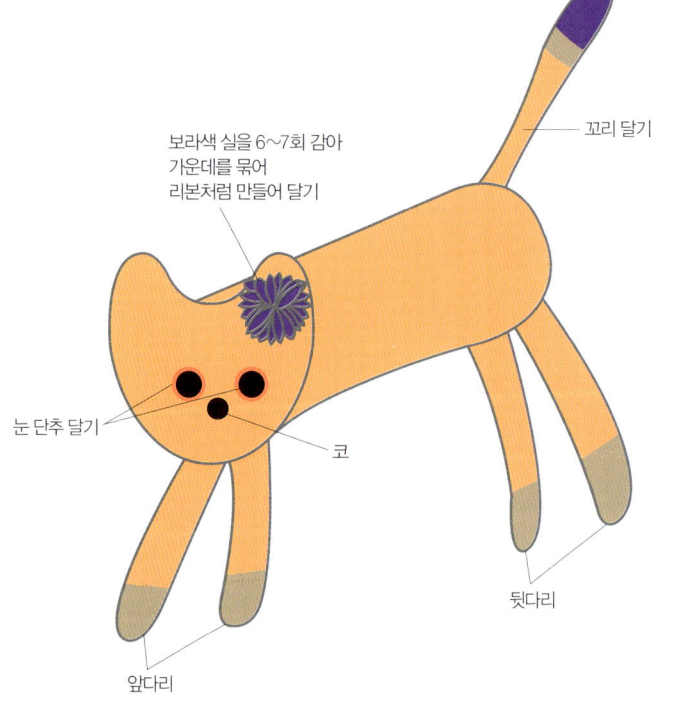

보라색 실을 6~7회 감아 가운데를 묶어 리본처럼 만들어 달기

꼬리 달기

눈 단추 달기

코

뒷다리

앞다리

182

P.74

### ▶ READY

**완성치수** 18×25cm

**재료** 실 | 면 혼방사 청록색 5볼(500g), 진분홍색 5볼(500g), 흰색 실·노란색 실·연분홍색 실 약간씩
바늘 | 코바늘 5/0호
부재료 | 눈 단추

**게이지** 20코×22단(10cm² 짧은뜨기)

## 동물 캐릭터 플레이 바구니
*Animal Character Basket*

### ▶ HOW TO MAKE

❋ 바구니 뜨는 법 ❋

1 코바늘 5호를 사용해 원을 만들어 12코의 짧은뜨기로 시작한다.
2 단마다 각 네 모퉁이에서 2코씩 늘려가며 17단까지 뜬다.
3 18단은 걸어뜨기로 떠서 경계 라인을 만든다(측면 시작 단이다).
4 53까지 짧은뜨기로 떠서 바구니를 만든다.

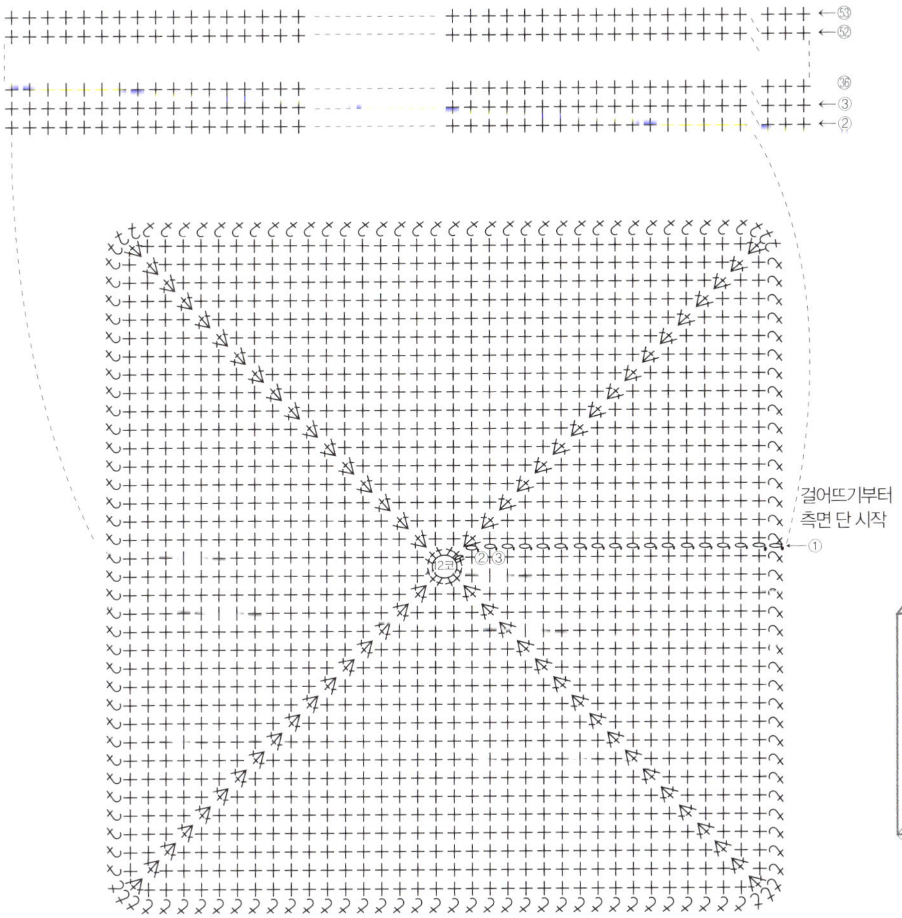

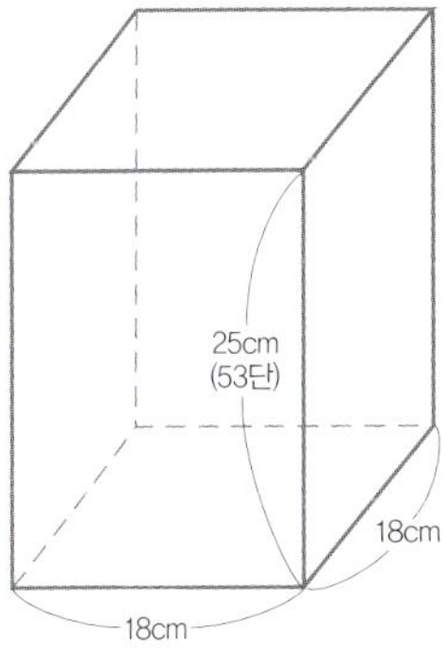

❄ **부엉이** ❄

1. **귀** 사슬코 20코를 떠서 첫 사슬코에 빼뜨기로 연결하여 원을 만들고 원형으로 짧은뜨기 3단을 뜬다. 4째단부터 양쪽 모퉁이 4곳에서 줄임하여 8단까지 줄여 귀 모양을 뜬다(2장 만들기)
2. **눈** 흰색 실로 원을 만들어 6코로 시작해 단마다 6코씩 늘려가며 7단까지 뜬다(2장 만들기).
3. **부리** 노란색 실로 사슬코 5코로 도안과 같이 3단을 뜬다.
4. 적당한 위치에 꿰매고 플라스틱 검은 눈동자를 본드로 붙인다.

❄ **토끼** ❄

1. **귀** 사슬코 18코를 떠서 첫 사슬코에 빼뜨기로 연결해 원을 만들고 원형으로 짧은뜨기 15단까지 뜬다. 16단째부터 도안과 같이 줄임하며 19단까지 뜬다(2장 만들기).
2. 바구니의 적당한 위치에 꿰매고 검은색 실과 연분홍색 실로 눈과 코를 스티치한다.

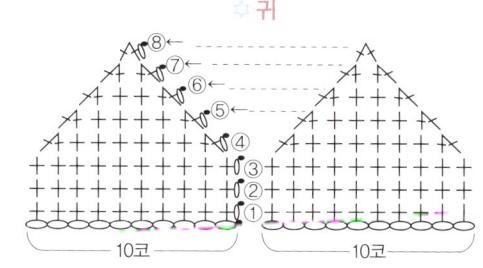

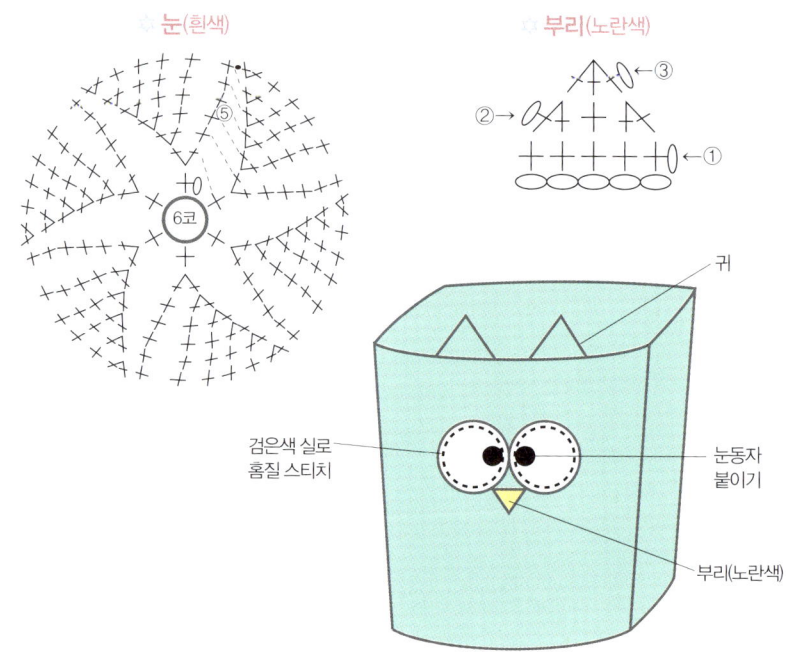

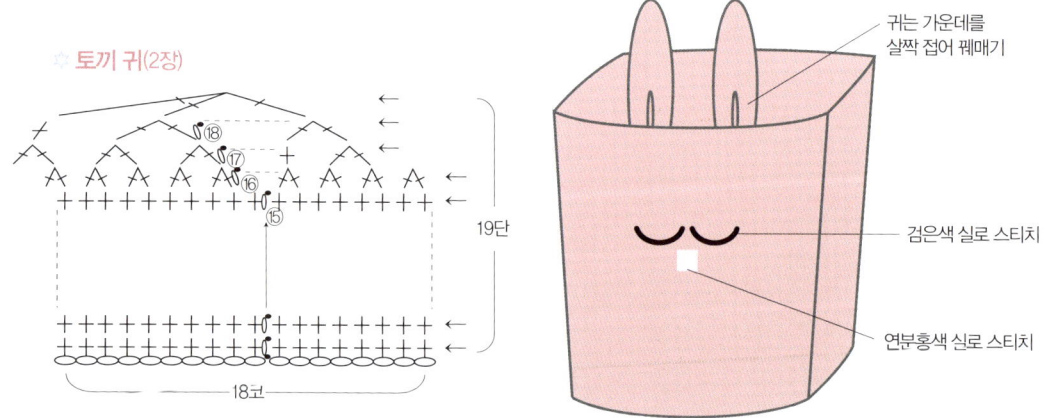

# 니트웨어 관리법

### 니트웨어 보풀 제거하기

니트웨어는 멋스럽고 따뜻하지만, 재질의 특성상 보풀이 일어나는 것이 단점이에요. 보풀만 잘 제거해도 늘 새 옷처럼 입을 수 있답니다.
가장 손쉽게 보풀을 제거하는 방법은 보풀 제거기를 사용하는 것입니다. 보풀 제거기가 없다면 눈썹 칼로 니트의 결 방향을 살려 위에서 아래로 살살 쓸어내리듯 보풀을 깎아내세요. 하지만 너무 예리한 칼을 사용하면 자칫 옷에 흠집이 날 수 있으니 새 칼보다는 날이 조금 무딘 것을 사용하는 것이 좋아요.

### 올바른 니트웨어 세탁법

니트웨어를 세탁할 때는 물의 온도가 중요해요. 니트는 고온에 약하기 때문에 반드시 찬물에 울 전용 세제로 세탁하세요. 만약 세탁을 잘못해서 옷이 줄어들었다면 물에 린스나 헤어 트리트먼트를 풀어 30분 정도 담근 다음, 옷 모양에 맞춰 손으로 가볍게 잡아당겨 늘리세요. 니트는 비틀어 짜면 늘어날 수 있으니 세탁 후에는 마른 수건으로 눌러 물기를 빼고 그늘진 곳에 평평하게 뉘어 말리는 것이 좋아요.

### 올바른 니트웨어 보관법

좁은 공간에 많은 옷을 빽빽하게 겹쳐 보관하면 옷에 자국이 생길 수 있어요. 옷걸이에 걸어두면 어깨 부분이 처지면서 모양에 변형이 올 수 있으니, X자 형태로 접어서 옷걸이에 걸어두세요. 이렇게 하면 옷의 변형도 막고 흘러내림을 방지할 수 있어요.
신문지를 돌돌 말아 그 위에 니트를 보관하면 옷의 변형을 막을 수 있고, 통기성이 좋아 습기가 차는 것도 방지할 수 있어요.

# Thanks to

## 책 속 코디 제품 안내

◎ 플로레종101 www.floraison101.com
◎ 리틀비티 www.littlebeattie.tv
◎ 아잉 www.e-aing.com

- 4P
  노아가 스웨터 안에 입은 도트셔츠 | 리틀비티 제품

- 4P
  올리비아가 머리에 쓴 고깔모자 | 플로레종101 제품

- 56P 62P 63P
  노아가 베스트 안에 입은 셔츠 | 아잉 제품

- 32P 33P 35P
  올리비아가 입은 바지 | 리틀비티 제품

- 32P 33P 35P
  노아가 입은 바지 | 아잉 제품

- 38P 39P 40P
  올리비아가 입은 치마 | 리틀비티 제품

- 38P 39P 40P 72P
  올리비아가 입은 블라우스 | 리틀비티 제품

- 40P 41P
  노아가 카디건 안에 입은 셔츠 | 아잉 제품

- 42P 43P
  올리비아가 베스트 안에 입은 셔츠 | 리틀비티 제품

- 47P
  올리비아가 착용한 목걸이 | 아잉 제품

- 50P 185P
  올리비아가 착용한 머리핀 | 플로레종101 제품

- 50P 51P 64P 65P 67P
  올리비아가 입은 바지 | 아잉 제품

- 64P 65P
  올리비아가 착용한 머리띠 | 리틀비티 제품

- 72P 74P
  올리비아와 노아가 착용한 티셔츠 | 아잉 제품

## 뜨개실 협찬

◎ 세하선(세상에 하나뿐인 선물)
  blog.naver.com/hust0415 | 031-474-7781

## 북유럽 키즈 스타일 손뜨개
Nordic Kids Style Knitting

**1판 1쇄 발행** 2015년 11월 25일
**1판 2쇄 발행** 2019년 4월 1일

**지은이** 최현정

**발행인** 양원석
**본부장** 김순미
**편집장** 최두은
**책임편집** 차선화
**교정교열** 홍주연
**제작** 문태일, 안성현
**영업마케팅** 최창규, 김용환, 정주호, 양정길, 이은혜, 신우섭,
조아라, 유가형, 김유정, 임도진, 정문희, 신예은

**펴낸 곳** ㈜알에이치코리아
**주소** 서울시 금천구 가산디지털2로 53, 20층 (가산동, 한라시그마밸리)
**편집문의** 02-6443-8861　**구입문의** 02-6443-8838
**홈페이지** http://rhk.co.kr
**등록** 2004년 1월 15일 제2-3726호

ISBN 978-89-255-5768-7 (13590)

※ 이 책은 ㈜알에이치코리아가 저작권자와의 계약에 따라 발행한 것이므로
　본사의 서면 허락 없이는 어떠한 형태나 수단으로도 이 책의 내용을 이용하지 못합니다.
※ 잘못된 책은 구입하신 서점에서 바꾸어 드립니다.
※ 책값은 뒤표지에 있습니다.